LES

MUSES PROLÉTAIRES.

GALERIE D'OUVRIERS-POËTES.

FRANÇOIS GIMET.

LES MUSES PROLÉTAIRES

ADAM BILLAUT, JEAN REBOUL,
JASMIN, MAGU,
MARIUS FORTOUL, ROUGET,
LOUIS VOITELAIN, CHARLES PONCY,
AUGUSTE ABADIE,
REINE GARDE, MÉDAILLONS.

PARIS,

ÉMILE FAREU, ÉDITEUR,

Rue Saint-André-des-Arts, 25.

1856

En écrivant les différentes notices dont se compose ce volume, nous avons éloigné de nous l'intention d'imiter nos devanciers dans l'art de faire des portraits littéraires, et n'avons pas voulu marcher sur la voie des Sainte-Beuve, des Granier de Cassagnac, des Gustave Planche, et moins encore sur celle des Mirecourt.

Notre plume et nos goûts se sont identifiés avec les coutumes locales des ouvriers-poètes; nous les avons rassemblés dans un même tableau, entourés avec le même cadre, et nous les avons éternellement unis l'un à l'autre, en conservant à chacun son allure et son type, sa fraîcheur et sa grace, quelque agreste et quelque sauvage qu'elles soient.

Ce n'est pas le miasme des boudoirs parfumés par d'exotiques arômes, ni l'odeur des lambris de santal qui nous ont inspirés ; mais plutôt les vapeurs légères de la pipe et du cigare, le bouillonnement de la chaux, le parfum excitant d'une planche de sapin que d'une main le poëte scie, en attendant que s'achève le labeur de sa journée.

Ainsi l'on vit maître ADAM, le menuisier de Nevers, le chef de cette nombreuse famille poétique, s'écrier :

Tel grand va s'étonnant de voir que je rabote,
A qui je répondrai pour le désabuser,
En son aveuglement, que son âme radote,
De posséder des biens dont il ne sait user ;

Qu'un partage inégal des dons de la nature
Ne nous fait pas jouir d'une même aventure ;
Mais que ma pauvreté peut vaincre son orgueil,
Pour si peu de secours que la fortune m'offre,
Puisque pour ses trésors, en pensant faire un coffre,
Peut-être que du bois j'en ferai son cercueil.

Deux siècles plus tard, REBOUL, le boulanger de Nîmes, entouré de triomphes et de gloire, consolait une mère éplorée par sa délicieuse élégie de l'*Ange et l'Enfant*, dont la renommée est devenue populaire ; ou dictait, de son âme inspirée, ces strophes, pleines de vigueur, qu'il adresse aux riches de ce monde :

Donnez, car de la mort l'inflexible fantôme,
Ne nous laisse emporter dans son fatal royaume
Que nos crimes et nos vertus ;
Et, parmi les vertus, l'aumône est la plus belle,
La plus belle des fleurs dont l'éclat étincelle
Sur la couronne des élus.

Magu, le tisserand de Lizy-sur-Ourcq, ce poète aimable et naïf, cet artisan rustique, ce chantre du village et du hameau, s'adresse à sa navette, qu'il voit tous les jours glisser devant lui :

Cours devant moi, ma petite navette,
Passe, passe rapidement,
C'est toi qui nourris le poète,
Aussi t'aime-t-il tendrement.

Charles Poncy, le maçon de Toulon, ce fils protégé des muses, ce brillant flambeau de l'école romantique, ce prodige étonnant parmi les grands prodiges, qui manie avec une égale aisance la plume et la truelle, écrivait à sa bien-aimée :

Le jour je suis maçon, le soir je suis poète,
Mes jours sont au travail, et mes soirs sont à vous.
Ouvrier, tout le jour ma pensée est muette ;
Poète, tout le soir je chante à vos genoux.

Auguste Abadie, le relieur de Toulouse et le plus jeune d'entre tous ses confrères, qui se plait à ciseler ses vers à la manière des Rességuier et des Vigny, les entoure de nuances fraîches et vives et leur donne une forme élégante et précise. Ecoutons-le, pendant qu'il s'adresse à la basilique qui charma sa jeunesse et dont le souvenir a fait battre son cœur :

Aux mobiles vapeurs d'un arôme mystique,
Ah ! qu'il est doux, le soir, sous ta coupole antique,
De mêler sa prière aux sons de l'*Angelus ;*
Et transporté vers Dieu par les élans de l'âme,
Oh ! qu'il est doux encor de ressentir la flamme
Qui fait revivre un cœur, alors qu'il ne bat plus.

T'aimer avec extase est le but que j'envie,
Et chanter pour ta gloire encourage ma vie !
Tout est faux ici-bas ; là-haut tout est réel !
Tu donnes le repos à l'âme qui soupire,

A la lèvre attristée un calme et doux sourire ;
Et la vie est en toi qui nous conduis au ciel.

Nous pourrions multiplier encore les noms des Ouvriers-Poètes, et retracer ici les perles poétiques qui brillent dans leurs œuvres ; mais nous réservons cette surprise à nos lecteurs, dans le cours de notre volume.

Qu'il nous soit permis de dire que les Ouvriers-Poètes ont, presque tous, été protégés et encouragés par les auteurs dont s'honore le dix-neuvième siècle. Reboul était visité par les Dumas, par les Lamartine, et ces deux grands génies embellissaient les premières pages des œuvres du boulanger-poète de leurs noms et de leurs écrits. Jules de Rességuier, ce poète aux rêves chastes et purs, ce brillant soleil de l'antique Toulouse, qui sait donner à sa poésie une harmonie mélancolique et touchante, écrivait à Reboul :

C'est moi, Reboul, c'est moi qui frappe à votre porte;
Vous ignorez mon nom; ouvrez toujours, n'importe.
Pauvre, je viens à vous pour demander du pain :
Mais non pas de ce pain qui nourrit le vulgaire;
Ami, de celui-là l'homme ne manque guère;
C'est d'un autre aliment que le poète a faim.

George Sand, cet esprit mâle et fécond; Béranger, l'inimitable chansonnier, encourageaient PONCY, MAGU, REINE GARDE la couturière d'Aix, LEBRETON, PONTY, DURAND, BEUZEVILLE, LAPOINTE, VINÇARD, ROLY, MAGEN, MARIE CARPENTIER l'ouvrière de Dijon, et plusieurs autres dont nous nous réservons de parler ailleurs.

Lamartine écrivait à Mlle Antoinette Quarré, jeune ouvrière de Dijon, les strophes admirables qui s'adressent *à une jeune fille poète* :

Quand, assise le soir au bord de ta fenêtre,
Devant un coin du ciel qui brille entre les toits,
L'aiguille matinale a fatigué tes doigts
Et que ton front comprime une âme qui veut naître,

Ta main laisse échapper le lin brodé de fleurs
Qui doit parer le front d'heureuses fiancées,
Et de peur de tacher ses teintes nuancées
Tes beaux yeux retiennent leurs pleurs.

Brizeux, le chantre breton de *Marie*, *de Primel et Nola*, écrivait aux poètes provençaux, réunis en un même banquet :

Oh ! quand l'art réunit ses enfants magnanimes
Dans un synode harmonieux,
Avec des flots de vin coulent des flots de rimes;
On dirait un banquet des dieux.

Nos grands poètes ont adressé leurs hymnes et leurs chants aux poètes prolétaires; de leurs louanges ils ne furent point avares et tous ont reçu d'eux les preuves d'une généreuse amitié.

Par un goût qui nous est particulier, nous avons suivi chaque ouvrier-poète dans son atelier, dans son chantier et nous avons revêtu notre style de la couleur qui semble appartenir à chaque profession. Nous avons parlé leur jargon, leur patois, nous les avons surpris avec leurs amis, avec leur famille et les avons suivis dans toutes les phases de leur vie.

Il nous était facile d'adopter un style plus uniforme et d'embellir les portraits de cette cohorte poétique ; mais la vérité a sur nous plus d'empire que le mensonge.

Et vous, poètes, dont nous redisons l'histoire et les poétiques amours, recevez de notre cœur l'hommage qui vous est dû. Les fleurs que nous jetons sur votre passage sont une jonchée odorante que vous êtes dignes de fouler. Sur vos fronts nous plaçons des couronnes, qui, semblables à de brillantes auréoles, vous suivront partout, et de ces mêmes fleurs nous en distillons le parfum que nous sommes prêts à vous offrir.

Janvier 1856.

ADAM BILLAUT.

ADAM BILLAUT

LE MENUISIER DE NEVERS.

I.

— Messire de Champaigny, venez donc voir maître Adam, à cheval sur sa tonne et serrant dévotement dans ses bras un cruchon de vin.

— Laissez ce ribaud, vicomte de Nevers. J'ai hâte d'ouïr le célèbre Arnauld qui donne une leçon aux Nivernois avant de se rendre à Paris.

— Par ma rapière ! il ne sera pas dit que nos seigneuries aient vu maître Adam sans le gratifier de quelque chose. J'ai ma thèse de docteur ; patientez, messire, je vais donner un divertissement à mes gens.

Il roula une grande feuille de parchemin, en un gigantesque cornet, enjamba la porte d'entrée et en coiffa maître Billaut.

— Que vous êtes truandesque dans vos goûts! fi ! pour un gentilhomme !

— N'avez-vous point, quelque part, un manuscrit pour placer devant maître Billaut ?

— Non. Je n'ai sur moi qu'une lettre d'amour.

— A ravir ! messire, baillez-la moi ; oh ! que mes varlets vont se réjouir en portant ma litière jusqu'au porche de Notre-Dame !

— Vicomte, si je vous octroie ma lettre, ne veux point que vous y lisiez.

— Discrétion à ce point. Soyez tranquille, nous

ne nous vilipenderons pas pour un froid parchemin.

Il prit la lettre que lui tendait le vicomte ; puis ramenant les mains de maître Adam sur la poitrine, il y plaça la lettre et le laissa dans la position d'un jaugeur, lisant le rapport du tonneau de vin, qu'il presse de ses genoux.

Les deux écoliers quittèrent aussitôt l'échoppe du menuisier pour se rendre à Notre-Dame de Nevers.

Arnauld, porté en triomphe par les étudiants, prenait le chemin de Paris.

— Je crois, messire, que vous aviez raison.

— Ah! vicomte, si je n'avais craint de blesser votre susceptibilité, je vous aurais laissé avec maître Billaut.

— Bah! nous irons suivre ses cours à Paris.

— Oui, mais il va m'en coûter ma terre de Lizès.

— Mille écus de plus ou de moins pour votre seigneurie....

— Vous avez raison. J'irai voir Son Eminence le cardinal.

Ils furent interrompus par la bruyante sortie d'une vingtaine d'écoliers qui se portèrent en masse du côté où causaient nos deux amis.

Dès que le groupe arriva près de la demeure du menuisier, il devint plus bruyant.

— Vicomte de Nevers, s'écria le plus haut forban de la troupe, l'arçon de la selle de notre rhéteur a été brisé; sa mule a fait tellement de grimaces et de gambades que les spectateurs se sont enfuis.

— C'était le diable sous la forme d'Aliboron.

— Non, c'est sa mule qui se dévergonde.

— Vertudieu! mes amis, finirez-vous bientôt, cria un jeune homme encore imberbe, mais qui paraissait encore avoir une forte dose de volonté;

vous êtes à deux pas de maître Billaut le savant et vous faites un train d'enfer !

— Oh ! oh ! oh ! fit un petit espiègle caché derrière les écoliers. Bravo ! docteur, demain tu auras la robe, et si ton rabat n'est pas blanchi, je t'offre les services de ma laveuse d'assiettes.

— Par saint Hubert ! il ne sera pas dit que le sire de Coignac ait été sali par la langue d'un Triboulet.

— Le sire de Coignac a le verbe bien haut, ce soir, dit un écolier.

— C'est le père Arnauld, qui le fait bouillonner, ajouta un second.

Le sire de Coignac avait sorti sa rapière et commençait à spadassiner contre le petit espiègle.

— Défends-toi, Jussac, ou tu es mort.

— Attends un peu, je ne veux pas que ton fer salisse mes manchettes.

— Arrêtez ! arrêtez ! cria celui qui, le premier, avait parlé de l'arçon de la selle du rhéteur. Vous irez vider votre querelle chez maître Billaut.

— Non, je veux le clouer sur place, dit, tout rugissant, le sire de Coignac.

— Et moi te perforer comme une tonne !

— Insolent !

— Oui-dà ! fit Jussac en le chargeant.

Les épées se heurtèrent ; le fer de Jussac brilla d'un éclair sinistre et disparut dans le bras de son adversaire.

Un hourra de joie, mêlé d'un hurlement, suivit cette estocade. Les adversaires allaient recommencer lorsque l'un d'eux vint dire que le guêt s'approchait à grands pas.

Aussitôt batteurs et battus s'enfuirent et rentrèrent dans leur logement respectif.

Le vicomte de Nevers et messire de Champaigny, témoins muets de cette scène, remontèrent la grand'rue et disparurent derrière l'angle de leur hôtel.

II.

Les cavaliers que nos étourneaux avaient pris pour le guêt, n'étaient autres que maître Réault, serrurier, et Jehan Ragueneau, pâtissier, tous les deux poètes et habitants de Nevers.

Arrivés à l'angle de l'hôtel de Nevers, ils mirent leur cheval au trot et s'arrêtèrent devant la boutique du menuisier.

Le sommeil, aux ailes de plomb, tenait fermées les paupières de maître Adam.

— Raboteur de sapin ! cria Réault, en attachant les rênes de sa monture à l'arçon de la selle ; il fait jour, grand jour. Eh bien ! fit-il en approchant de la boutique.

Il ne fut pas plutôt arrivé sur le seuil, qu'il partit par un long éclat de rire, dont le bruit alla frapper le tympan du menuisier.

— Qui va là? dit Billaut en ouvrant de grands yeux.

— Moi, ton ami, ou plutôt tes amis, car nous sommes deux qui avons résolument formé le projet de te lire nos vers.

— Tu m'apportes à boire, demanda le menuisier en laissant tomber le cruchon de vin qu'il portait dans ses bras.

— Sac à vin! tu demandes à boire et tu es ivre mort.

— Moi, ivre-mort, fit Billaut; écoute.

Il se redressa sur le tonneau et chanta d'une voix légèrement émue :

Que Phœbus soit dedans l'onde,
Ou dans son oblique tour,
Je bois toujours à la ronde,
Le vin est tout mon amour;

Soldat du fils de Semèle,
Tout le tourment qui me point,
C'est quand mon ventre groummelle
Faute de ne boire point.

— Continue, maître, dit Réault.

Et maître Adam donnant à sa voix plus de souplesse et plus de vigueur, entonna le deuxième couplet :

Aussitôt que la lumière
Vient redorer les côteaux,
Poussé d'un désir de boire
Je caresse les tonneaux ;
Ravi de revoir l'aurore
Le verre en main je lui dis :
Voit-on plus au rive More
Que sur mon nez de rubis. (1)

— Très-bien ! fit Ragueneau, si j'avais une

---

(1) Voilà les véritables strophes improvisées par maître Adam, au lieu de celles qui furent repétries par le grand brailleur Jean Haguenier, chansonnier du XVIIIe siècle et secrétaire du régent.

tartinette de miel, je te l'offrirais. Mais, dis-nous, quelle est cette lettre que tu caches précieusement dans ta main?

— Une lettre! dit maître Adam, en laissant tomber son regard sur le parchemin que leur avaient laissé les deux écoliers : c'est vrai!

Il lut :

« Vicomte, je serai à Paris dans huit jours et je vous attendrai chez moi, rue de la Ferronnerie, 7.

Votre aimée,

DE BEAUPRÉ.

— La Beaupré! une comédienne! celle qui fut tour-à-tour esclave et maîtresse des princes de sang. Oh! cher! dans quelle marmelade sauce-tu ta verve. Te souvienne toujours que le cœur d'une belle est œuvre de vipère :

Qu'y s'y prend
Se repent.

— Ne puis me ressouvenir cette estrange aventure. C'est bien sa fine écriture, ces traits de plume émouchetés comme œufs de carpe.

— Point ne faut nous entretenir de catins. Jehan, récite-nous ce beau sonnet que ta verve a écrit en honneur et gloire de nous.

Jehan Ragueneau déploya un parchemin sur lequel de grosses barres étaient tracées.

Sais-tu que ton sonnet nous tendra des embûches, si tu les fais de cette grosseur ?

— Ne fasse pas le rébusif ; puis d'un air imposant : Amis, prêtez l'oreille.

C'est un sonnet :

A MAITRE ADAM, LE MENUISIER,

Par Ragueneau le pâtissier.

SONNET.

Je croyais être seul de tous les artisans,
Qui fut favorisé des dons de Calliope,

Mais je me range, Adam, parmi tes partisans,
Et veux que mon rouleau le cède à ta varlope.

Je commence à connaître, après plus de dix ans,
Que dessous moi Pégase est un cheval qui chope,
Je vais donc mettre en pâte et perdrix et faisans,
Et contre le fourgon me noircir en cyclope.

Puisque c'est ton métier de fréquenter la cour,
Donne-moi tes outils pour échauffer mon four,
Car tes muses ont mis les miennes en déroute.

Tu souffriras pourtant que je me flatte un peu,
Avecque plus de bruit tu travailles sans doute,
Mais pour moi je travaille avecque plus de feu.

— Ah! maître Ragueneau, vous faites du rébus, très-bien! nous jugerons ensuite impartialement, dit Billaut, en caressant sa royale grisonnante.

— Sans doute, observa le pâtissier. Ton rabot, ta scie et ton villebrequin font plus de bruit que ma plume ou ma poële; mais en revanche il entre plus de feu dans ce que je fais.

— Assez ! assez ! mons pâtissier, rôtisseur de sonnets à la mode, ne comprends-tu pas que le temps est la doublure de la vie et que, si tu l'uses à discourir, les vins d'Alicante ou de Madère n'humecteront pas de ce soir mon pâlais.

— Nous ferons une brespaille en l'honneur du méritant, dit Billaut.

— Oui, avec crêmes et beignets, ajouta Ragueneau.

— Vous parlez comme un pantagrueliste, s'écria Réault :

— Un enclumier ! parler de cette sorte.
— Raguenau, pâtissier royal !
— Mes bons amis, que Belzébuth emporte
Et vos sonnets et le régal !

— Voilà un quatrain que je placerai au fronton de mes œuvres. — En attendant, puisque tu as écouté le sonnet, je puis bien lire ce madrigal :

Pour faire en ta faveur un ouvrage assez beau,
Qui, comme ta varlope illustrât mon enclume,
Il faudrait maintenant m'escrimer de la plume
Aussi bien que je sais m'escrimer du marteau ;

Pour toi ma veine toujours prête
T'offrirait chaque jour un éloge nouveau,
Et l'on verrait sortir plus de feu de ma tête
Qu'il n'en entre dans mon fourneau ;

Pour n'être pas pourtant blâmé d'ingratitude,
Je crois qu'il vaut bien mieux, sans art et sans étude,
Dire peu par mes vers, que de ne dire mot ;
Et que s'ils ont pour toi quelque chose de rude
Tu peux y passer le rabot.

— Bravo! Réault! bravo! Ragueneau! nous formons à nous trois le trépied de la *gaye science* que le cardinal Richelieu vient d'ériger en Académie.

— Une brespaille! du vin! cria Réault.

— Si la Beaupré te voyait, Billaut, elle serait folle de toi.

— Billotin, cria le menuisier au plus jeune de ses sept fils, porte cette épître à la princesse Marie afin que nous puissions avec son argent rire et boire en son honneur.

L'enfant prit la feuille de vélin et sortit. Un quart d'heure après il rapportait à son père un vestiaire complet et trente sols parisis.

— Mais c'est une fortune qu'elle te donne là! dirent en chœur le pâtissier et le serrurier.

— Non! c'est un présent royal.

— Billotin, la princesse ne vous a rien dit en vous remettant ces défroques?

— Si, mon père, elle doit venir vous rendre visite.

— Bientôt?

— Oui, mon père.

— Qu'elle ne se retarde pas, observa le serrurier, car son excellence nous trouverait sous la table.

Au même instant deux coups retentirent sur la porte du menuisier.

— Qui va là? demanda Billaut.

— Ouvrez, répondit une voix.

Réault se leva et ouvrit la porte à deux battants; un air de surprise s'imprima sur la face blêmie du serrurier.

— Maître Adam, est-ce que vos sonnets déplaisent à mons Biscardo pour qu'il nous envoie à cette heure un lansquenet suivi d'un guetteur de jour? demanda Réault, sans regarder l'officier des lansquenets, debout sur le seuil de la boutique et suivi de son agent.

— Mais non, balbutia Billaut, la bouche pleine de pâté de bisque, donnez-vous la peine d'entrer, Monsieur l'officier.

L'officier s'approcha des trois amis et leur montra un mandat d'amener, écrit et rédigé en bonne forme.

— Lisez-nous cela, Monsieur l'officier, dit Billaut : et nous buvons à la santé de la princesse Marie.

— Ma marraine! dit vivement l'officier.....

— Eh bien! raison de plus pour la *fester* ensemble.

On fit au nouveau venu les honneurs de la camaraderie : on but tant de fois, on versa tant de rasades qu'en un instant les bouteilles furent vides et les cerveaux échauffés. A ce moment, Billaut qui n'avait pas encore vidé son dernier verre de vin, monta sur son escabeau et chanta d'une voix presque railleuse les derniers couplets de sa chanson :

Si quelque jour étant ivre,
La Parque arrête mes pas,

Je ne veux point pour revivre
Quitter un si doux trépas ;
Je m'en irai dans l'Averne,
Faire enivrer Alecton,
Et planterai ma taverne
Dans la chambre de Pluton.

Le plus grand de la terre,
Quand je suis au trépas,
S'il m'annonçait la guerre,
Il n'y gagnerait pas ;
Jamais je ne m'étonne,
Et je crois quand je boi,
Que si Jupiter tonne
C'est qu'il a peur de moi.

La nuit n'est point chassée
Par l'unique flambeau,
Qu'aussitôt ma pensée
Est de voir un tonneau ;

Et lui tirant la bonde
Je demande au soleil :
As-tu bu dedans l'onde
D'un élément pareil.

Disons donc, camarades,
Que le jus du sarment
Peut chasser des malades
L'horreur du monument ;
Que la plus douce guerre
Qui flatte l'intestin,
C'est le tin-tin du verre
Et boire le matin.

Des bravos répétés, des choquements de verres se firent entendre et tous criaient ensemble : gloire à maître Adam !

III.

Dix jours après l'événement que nous venons de raconter, on vit dans la rue Saint-Honoré un homme médiocrement vêtu et tenant dans ses mains une grande feuille de vélin sur laquelle semblaient converger toutes ses facultés.

Cet homme paraissait âgé de cinquante ans. Ses cheveux courts et grisonnants, ses petits yeux, vifs et ronds, son costume de campagne le fesaient ressembler à ces bons flamands que le pinceau de Van-Dick semble avoir éternisés.

Le soleil tombait perpendiculairement sur cet inconnu et faisait étinceler les rares fils d'or épars sur son pourpoint.

Un gentilhomme, le feutre sur l'oreille, la main gauche sur le pommeau de son épée, passa près de l'inconnu; et, soit qu'il fût distrait dans sa marche, soit forfanterie de sa part, il le coudoya si rudement que l'inoffensif lecteur faillit perdre son équilibre.

Cette *donquichottade* fit monter le sang jusqu'aux tempes de l'inconnu.

— Vous êtes bien impertinent de me coudoyer de la sorte ; s'il vous faut tout le large pour passer à votre aise, vous devez au moins prévenir.

— Je ne souffre pas d'observations, répondit le gentilhomme, en sortant à demi la lame de son épée.

— Moi non plus, Monsieur, et je sais châtier les insolents quand j'en trouve sur mon chemin.

— En ce cas, je tombe bien ; et quoique je me rendisse à un festin de belles, je trouverai le temps pour vous dire deux mots que vous ne répéterez à personne.

— Et que sans doute vous n'achèverez pas, ajouta l'inconnu en sortant sa longue rapière.

— Vous arrivez de la campagne, dit le gentilhomme, en relevant ses manchettes brodées.

— Oui, Monsieur.

Eh bien ! je vais vous apprendre nos *us et* nos *coustumes* afin de vous apprendre à vivre.

— Ou à mourir, dit l'inconnu, en effleurant le fer de son adversaire.

A peine s'étaient-ils mis en garde que quelques hommes se montrèrent au fond de la rue.

— Il me semble, Monsieur, que le lieu est bien mal choisi.

— Vous avez raison. Remontons la rue et à quelques pas nous nous trouverons juste où il faut pour notre genre de conversation.

Sans plus de cérémonie, les épées rentrèrent dans leur fourreau et les deux cavaliers remontèrent la rue Saint-Honoré, au bout de laquelle se trouve la place du Palais-Cardinal.

La place entièrement déserte offrait l'image de la destruction. Des tas de pierres amoncelés les uns sur les autres formaient entre la place et le palais une barrière infranchissable.

C'est derrière cette barricade imprévue que s'arrêtèrent les deux champions.

— Comment vous nomme-t-on, Monsieur ? demanda l'offensé. Je n'ai jamais tiré l'épée, et pourtant je désire savoir contre qui j'ai l'honneur de la tirer.

— Je me nomme Beauvillier, duc de Saint-Aignan. Et vous ?

— Moi ? maître Adam, menuisier à Nevers. Je suis venu supplier son éminence le cardinal de me protéger dans une affaire de succession.

— Quoi ! vous êtes Billaut de Nevers, le poète par excellence, l'homme que je cherche depuis si longtemps et qu'un hasard malheureux place à l'ombre de mon épée. Oh ! fatale destinée !

— Vous me confondez, Monsieur.

— Point, Monsieur. Touchez-là. Je ne veux pas me battre avec vous ; non pas que vous ne soyez digne de tenir l'épée, mais parce que :

Ornement du siècle où nous sommes,
Je ne dis rien de vous, sinon,
Que pour les vers et pour le nom
Vous êtes le premier des hommes.

— Monsieur le duc de Saint-Aignan, à mon retour à Nevers, tout le monde saura que vous êtes, avec Monseigneur le cardinal, le protecteur des gens de lettres.

— Ne nous retardons pas, Billaut, son excellence est de bonne humeur, ce soir, nous devons en profiter.

— Je vous en aurai de la reconnaissance toute ma vie.

Quelques secondes plus tard, ces deux hommes, étroitement liés, pénétraient dans l'antichambre du ministre de Louis XIII.

Bernière, valet de chambre du cardinal, ouvrit une petite porte, précéda les visiteurs et les annonça :

— Monsieur le duc de Saint-Aignan et maître Adam de Nevers !

— Faites entrer, cria le cardinal d'un ton aigrelet.

IV.

Le cardinal, cet homme rouge, comme l'appelle M. Victor Hugo, reposait dans un large fauteuil sculpté et dont le style remontait à Henri IV. Le bois de chêne dont il était fait, contrastait avec la magnifique simarre dont le cardinal était vêtu.

Le frère Joseph, l'éminence grise, était assis vis-à-vis de son maître et semblait attendre un ordre qu'il devait écrire sur le vélin qu'il couvrait de sa large main.

Ces deux hommes, qui tenaient cachées les destinées de la France, paraissaient mornes, tristes, inquiets.

Le cardinal ferma les yeux.

Après un quart-d'heure d'attente, le frère Joseph posa sa plume et se renversa silencieusement dans son fauteuil. Il allait sommeiller, lui aussi, lorsque le bruit d'un bois qui *cède* se fit entendre. Le cardinal était somnambule.

Et tout-à-coup le ministre se lève, étend le bras dans la direction de la Rochelle et prononce distinctement ces mots :

« Oui, l'hydre du protestantisme est là. Ils peuvent implorer le secours des anglais, soulever contre moi toute la noblesse de France, ils n'arrêteront pas mon bras levé pour les abattre; Joseph, écrivez.

Le silence le plus profond suivit cette menace. Le bras vengeur retomba sur la table, et peu à peu le cardinal revint à la vie réelle : vie de luttes et de persécutions ; vie dans laquelle il ne goûta de bien que le triomphe que peut amener le despotisme tyrannique sur des courtisans efféminés.

C'était un quart-d'heure avant l'arrivée de maître Adam et du duc de St-Aignan que se passait ceci.

— Vous dormez, Joseph, et nos ennemis veillent pourtant. Avez-vous écrit ce rapport au roi, que je vous ai laissé ce matin.

— Oui, Excellence, le voici.

— Très-bien !

Au même instant, Bernière annonçait les visiteurs.

— Soyez les bienvenus, Messieurs, dit le cardinal en s'inclinant légèrement. Votre visite est pour moi une bonne fortune.

— Excellence ! Monseigneur ! s'écria Billaut en se jetant aux pieds du cardinal, grâce ! pour un serviteur qui vient vous demander appui.

— Parlez, Adam, parlez ! ma double dignité

de ministre et de prêtre, m'ordonne de vous entendre. Monsieur le duc, ajouta-t-il, veuillez vous asseoir.

— Monseigneur, reprit Billaut, on me conteste la succession de mon père, et l'huissier Biscarde me somme de la rendre ; sans quoi, me dit-il, j'aurai, un de ces jours, la Bastille pour logement.

— Oh ! oh ! fit l'éminence *grise.*

— Et je viens, Monseigneur, joindre aux paroles suppliantes de Billaut l'assurance formelle que la succession qu'on lui conteste lui appartient de droit, ajouta le duc.

— Avez-vous autre chose à me demander ? dit le cardinal avec douceur.

— N'est-ce pas assez, mon Dieu ! que le bien de mes pères me soit rendu et je passerai le reste de mes jours à vous louer dans mes vers.

Le frère Joseph grimaça un sourire.

— Votre réputation de poète est arrivée jusqu'à nous. Récitez devant le frère Joseph quelques-unes de vos poésies.

— Monseigneur le duc de Saint-Aignan improvise mieux que je ne compose, balbutia Billaut.

— C'est de la fausse modestie que vous faites là; montrez-vous tel que vous êtes, avec vos qualités et vos imperfections, afin que nous puissions vous connaître par nous-mêmes et non par les lettres de mons Biscarde.

— Monseigneur, puisque vous me le permettez, je vais avoir l'honneur de vous lire une pièce de vers, dans laquelle vous jouez le plus grand rôle; elle est toute pour vous, comme mon cœur et mon épée sont à votre service.

Maître Adam, le cœur gros de plaisir et de crainte, déroula cette même feuille que nous lui avons vu lire dans la rue Saint-Honoré, et récita d'une voix tremblante cette fameuse pièce de vers que ses célèbres comtemporains ont reproduite avec éloges.

La voici, toute entière :

Prince dont les conseils ont vaincu nos malheurs,
Miraculeux effet des puissances divines,
Qui donnes à la France une moisson de fleurs,
Dont nos fiers ennemis ressentent les épines.
Oracle, dont la voix par un divin secours,
Assure un siècle d'or à la suite des jours,
Qui vont combler d'honneur et de bien cet empire ;
Grand atlas, le soutien de l'église de Dieu,
Incomparable appui qu'un mortel ne peut dire
Que par ces mots sacrés : Armand de Richelieu.
Je sais que les travaux de mille beaux esprits
Pour l'immortaliser ont fait une peinture
Qui montre à l'univers que ta gloire est un prix
Pour qui le ciel dispute avecque la nature.
Je sais que proche d'eux mes vers n'ont rien de beau,
Qu'ils ne verront le jour que pour voir le tombeau.

Qu'étant d'un menuisier, ils sont pleins de chevilles
Et que je ne suis pas capable des douceurs
Que ces divers esprits empruntent de ces filles
Que le père du jour appelle les neuf sœurs.

Je me contenterai de dire seulement
Que mon roi, la terreur de tous les rois du monde,
A choisi ton esprit comme un subtil aimant
Qui tire à son pouvoir toute la terre et l'onde.
Bien que ce jeune Mars, par tant d'exploits guerriers,
Se courbe en son printemps sous un faix de lauriers.
Qu'il rende des Césars la gloire dissipée
Si, faut-il avouer que lorsque le malheur,
Fuit et tourne le dos, aux coups de son épée,
Tes conseils te font craindre autant que sa valeur.

Pardonne grand héros, si d'un rude appareil
Ma plume ose tenter un si divin ouvrage;
Je ne suis pas Icare, adorable soleil,
Je ne viens pas aussi pour chercher mon naufrage.
Que si tu prends plaisir à quelqu'un de ces traits,
Le temps les ornera des plus riches attraits.

Ton accueil m'accroîtra le désir de poursuivre,
Mes vers s'embelliront d'un style plus parfait,
Mais il faut grand esprit que pour les faire vivre
Tu fasses *vivre* aussi le père qui les fait.

Il achevait à peine sa lecture, que le duc de Saint-Aignan, s'oubliant devant le cardinal, battit des mains.

Un air de satisfaction se peignit sur le visage du ministre; et frappant deux coups sur un timbre d'argent, il appela :

— Bernière ! apportez-nous le registre des pensions civiles. Je veux, maître Adam, vous faire une pension qui vous assure, à jamais, une heureuse existence. Quant à mons Biscarde, je vais lui dépêcher un courrier afin qu'il cesse toutes poursuites à votre égard.

— Les contemporains, ajouta le duc, diront hautement ce que vous êtes, Adam.

— Ils diront, que si Billaut fut un grand

poète, Armand de Richelieu fut un grand génie, puisqu'il découvrit, favorisa et soutint le poëte dans ses vieux jours.

V.

Nous avons hâte de retourner à Nevers, où la parque inflexible attend notre héros. Nous dirons, seulement, que maître Adam resta huit jours à Paris, pendant lesquels, il vit la Cour, Louis XIII et ses nombreux courtisans; nous dirons encore qu'il trouva partout et toujours des sympathies dignes de remarque, des affections chez ceux-là même où il n'espérait voir qu'un égoïsme vil et désespérant.

Mons Biscarde averti, par un agent du cardinal, de la belle réception qu'on avait faite à Billaut, dépêcha une députation, suivie de quelques vignerons portant avec eux *force* bouteilles de bon vin.

Billaut les rencontra à Etampes.

Un petit ruisseau, grossi par les pluies, fut pour les vignerons une barrière. Ils posèrent leurs bouteilles et se mirent en devoir de quitter leurs hault-de-chausses pour le passer à gué.

— Est-ce que vous voulez mettre l'eau en bouteilles? leur cria Billaut, qui ne devinait pas encore leur intention.

— Holà ! Monsieur le trufandier, si vous avez sur la conscience deux sols de bonne foi, passez de ce côté et nous vous la retremperons.

Celui qui parlait ainsi était un homme de taille moyenne, aux traits grossiers et noircis par le feu ou la fumée. On eût dit en le voyant que Vulcain envoyait à la terre un de ses ouvriers pour servir de type aux jeux cyclopéens qui, à cette époque, étaient en grande vogue.

Billaut, pour toute réponse, prit un pistolet dans ses fontes et mit en joue celui qui venait de l'interpeller.

A la vue d'un geste aussi expressif, la foule des vignerons jeta les hauts cris ; plusieurs même tombèrent à genoux pour supplier Billaut de ne point tirer sur eux.

Le cyclope, seul, jeta un cri qui sema l'épouvante aux alentours et qui fit même quelque impression sur le cœur du cavalier, car l'on vit Billaut remettre son pistolet en place, et, piquant son cheval, il alla droit vers cet homme qui ne fit aucun mouvement.

— Billaut ! exclama le vigneron.

— Réault ! fit le cavalier.

Et en moins de temps que nous ne pourrions l'écrire, cavalier et piéton, ami et ennemi se trouvèrent dans les bras l'un de l'autre.

— Que diable fais-tu par ici ?

— Ne me le demande pas, Billaut ? Mons Biscarde m'a fait le plaisir de me laisser suivre ses gens, et comme je te savais à Paris ou sur le chemin, j'ai accepté. Maintenant que te voilà, prenons deux paniers de vin et retournons à Nevers.

— Oui ! très-bien, dit Billaut : mais comment auras-tu raison de ces diables-là.

— Tu vas voir.

Réault prit deux pistolets que lui passa Billaut, et menaçant de faire feu sur les vignerons, il leur dit : Vous avez quatre bons chevaux à votre attelage, c'est deux de trop. Je vais les prendre, et pour que les deux autres ne soient pas autant chargés, je vais prendre aussi deux paniers de bouteilles. Quant aux deux qui restent, vous pouvez les consommer, attendu que son éminence le cardinal ne veut rien apprendre ni recevoir de votre maître ; si l'un de vous lève la tête quand je partirai, je le tue comme un chien. M'avez-vous compris ?

Et sans discourir plus longuement, il monta

sur un cheval, prit l'autre par les brides, et les deux amis partirent au galop sur la route de Nevers.

VI.

On apercevait déjà les toitures grises de Pithiviers; les deux amis s'arrêtèrent pour se reconforter et alléger par de larges libations le poids énorme de leur fraude.

Ils repartirent aussitôt.

— Pourquoi, cher Réault, as-tu pris deux chevaux lorsqu'un seul pouvait suffire?

— Homme égoïste! as-tu donc oublié Ragueneau?

— Ragueneau! est-ce qu'il est près d'ici?

— A Bourges, où une foulure grave le retient. Imagines-toi que son cheval, en caracolant, l'a jeté de côté et lui est tombé dessus après; de sorte que souffrant horriblement, il a bien fallu le laisser en chemin.

— Vous veniez donc ensemble pour me voir?

— Justement.

— Vous êtes tous les deux admirables de dévouement.

Les cavaliers s'arrêtèrent à Orléans. Ils y soupèrent, et le lendemain à quatre heures, ils montaient à cheval et se dirigeaient sur la route de Laferté, patrie de Racine.

Ils passèrent La Motte, La Love, Vierzon sans s'y arrêter. Enfin, ils aperçurent les clochers de Bourges, où Ragueneau encore au lit les reçut le sourire sur les lèvres.

— Eh bien! mon cher Ragueneau, nous voulons donc mourir..... Quelle maligne envie te prend sitôt?

— J'aurais voulu t'y voir, toi, un si bon cavalier!

— On n'est pas toujours sûr de sa bête, dit Réault.

— Avec rébus ou sans rébus, dirent les deux amis.

— Sans rébus.

— Allons, dit Ragueneau, je crois décidément que nous allons faire route ensemble. Holà! hôtelier du diable! porte nous céans de quoi se repaître à l'aise; et sans plus se préoccuper du repas qu'on leur servait, il reprit :

— Tu ne nous a pas encore dit quelle réception t'a fait Monseigneur Armand du Plessis, la doublure de notre bon roi, qui préfère s'occuper d'intrigues, d'échiquiers ou de lansquenets, que de ce bon peuple qui l'accable de *vivats*, lorsqu'il daigne se montrer à lui!

— Tout a été magnifiquement bien. Monseigneur le Cardinal m'a présenté à Sa Majesté, en lui disant : Sire, j'ai l'honneur de vous présenter une des gloires de ce siècle. Le roi m'a donné sa main à baiser, et lorsque je suis rentré dans la foule des courtisans chacun me considérait comme un duc et pair.

Mes bons mots circulaient de bouche en bouche; et lorsque le duc de Saint-Aignan m'a offert son bras, tous les gentilshommes, chapeau bas, m'ont congratulé jusqu'à faire perdre la tête à un favori du trône.

— Eh bien, Adam, buvons à la santé du roi.

— Et à celle du Cardinal.

— Non, à celle de tout le monde.

— Accepté! honneurs et longue vie à celui qui daigne prolonger la mienne.

— Une pension! dit Ragueneau, en route, alors tu nous conteras tout cela.

Et dans un nuage de poussière et d'ivresse les trois cavaliers volèrent sur le chemin de Laguetineau, petit village situé à quelques kilomètres de Nevers.

Les habitants de ce village fêtaient saint Hubert, le patron des chasseurs, et dans un petit parc entouré de planches ils avaient logé force lièvres et volatiles destinés à être offerts en holocauste au patron de la fête.

Malheureusement pour nos trois cavaliers, la barrière improvisée traversait le chemin dans toute sa largeur; il fallait franchir l'obstacle ou faire un long détour.

La délibération fut courte.

Les cavaliers reculèrent de quelques pas, enfoncèrent leurs éperons dans les flancs meurtris de leur monture et, s'excitant du geste et de la voix, ils franchirent la barrière.

Un cri se fit entendre.

Billaut et son cheval roulaient dans la poussière. Réault accourut. Billaut! par la mort-Dieu! nous ferais-tu la bêtise de mourir ici?

Le poète, les yeux mourants, fit signe à ses amis de le relever. Ah! maudit voyage! ah! les côtes .. Dieu! que c'est mauvais... Ah! et s'affaissant dans les bras de ses amis, il s'évanouit.

Sans perdre le temps à se lamenter, Réault plaça maître Adam devant lui et l'on arriva au logis sans prononcer un mot.

Arrivés à Nevers, maître Adam, couché dans son lit, reçut la visite de son médecin.

La troisième et la quatrième côte étaient fracturées.

Faites-leur vos adieux, dit le médecin, aux deux amis. Maître Adam ne verra peut-être pas le soleil demain.

La nuit se passa dans les douleurs les plus atroces. Le lendemain matin, Billaut, pressentant sa fin prochaine, s'entoura de ses enfants et de ses amis. Puis, rappelant sa première vigueur, il leur dit : Ecoutez-moi bien, et surtout ne m'interrompez pas, car je ne veux point *vivoucher*.

A la dernière heure de la vie, on ne voit point

les choses comme on les a toujours vues. La gloire, l'ambition, les honneurs s'effacent pour faire place à la conscience qui étend ses plus secrets replis. Mes enfants, je vous lègue, à tous les sept, mon nom, mes outils et mes œuvres; mon nom, grâces à Dieu, vous facilitera le chemin de la vie; mes outils vous feront vivre, et mes œuvres seront comme la sauvegarde de votre honneur, une arme contre la médisance.

Quoiqu'il arrive, que vous soyez obscurs ou que vous vous fassiez hommes de lettres, n'oubliez jamais que la varlope et le villebrequin ont aidé votre père à vivre. Vous seriez malheureux si quelque succès éphémère vous faisait laisser sous l'établi le rabot de votre père.

Voilà, mes enfants, ce que je voulais vous dire en des temps meilleurs. Dieu en dispose autrement, que sa volonté se fasse. Embrassez-moi, Augustin, vous, l'aîné de mes sept fils;

veillez sur eux, comme je l'aurais fait, et pensez à moi. Ragueneau ! Réault ! je vous quitte, mes yeux se voilent... où êtes-vous mes amis, venez, venez que je presse encore une fois votre main. Oh ! mon Dieu ! mourir ! oh ! quel vide immense il y a entre nous, une éternité. Réault, tu ne m'oublieras pas, n'est-ce pas ? Ragueneau, quand je n'y serai plus vous parlerez d'Adam, votre ami; et lorsque après le travail, vous vous promènerez près de ma tombe, oh ! je vous en supplie, arrêtez-vous un moment ; je vous verrai, je vous appellerai....

Malgré tous ses efforts pour continuer, Adam se tut ; le râle, précurseur de la mort, l'étreignit dans ses bras.

Le médecin entra.

— Comment va-t-il ?

— Le Virgile au rabot n'est plus de ce monde, il appartient à Dieu !

Maitre Adam mourut un vendredi, le 19 mai let 1662. Sept cents ans auparavant, Virgile mourait le même jour, entouré de gloire et d'amis.

NOTICE BIBLIOGRAPHIQUE.

Les poésies de Maître Adam sont divisées en trois recueils, qu'il appela, par allusion à son métier, *les Chevilles, le Villebrequin* et *le Rabot*.

Les éditions qui furent imprimées de son vivant, sont : *Les Chevilles*, Paris, Toussaint-Quinet, 1644, in-4°. On doit trouver en tête de cette édition le portrait de Maître Adam qui manque souvent.

— Les mêmes, Rouen, 1654, petit in-8°.

Le Villebrequin, Paris, de Luynes, 1662, in-12.

On a donné à Paris, en 1806, un choix de ses œuvres en un volume in-12 ; plusieurs exemplaires furent tirés sur papier vélin.

Le recueil intitulé le *Rabot* est d'une grande rareté.

JEAN REBOUL

LE BOULANGER DE NIMES.

JEAN REBOUL

LE BOULANGER DE NIMES.

I.

Entre le panetier de Pharaon qui se laisse manger son bien par les oiseaux du ciel, et Jean Reboul de Nîmes, il y a tout au monde !

La tradition, à travers sonprisme historique, nous présente le premier comme le type le plus pittoresque du moderne Pierrot ; le second, au contraire, nous apparaît comme un beau jeune homme à l'œil vif, pénétrant dans les replis du cœur aussi sûrement qu'une sybille, aussi sagement qu'un prophète chrétien.

Quelle différence, pourtant ! Pourquoi Dieu ne nous a-t-il pas créés tous égaux en intelligence !

Ne sommes-nous pas tous ses enfants bien-aimés ?

Contraste effrayant qui rend sceptique malgré soi. Qui me dira pourquoi le pain, primitivement arrondi, est descendu jusqu'au lozange ? pourquoi la couronne s'est-elle faite pistolet ?

Étrange problème que le progrès ! plus étrange est encore cette civilisation qui nous a fait émigrer notre première condition ! Selon moi, c'est insulter le Créateur que vouloir perfectionner son œuvre.

Mais, me dira-t-on, où en serions-nous, si, restés comme Adam et Eve, nous nous fûssions vêtus de feuilles et nourris de racines ?...

Mon esprit s'abîmait dans d'inextricables conjectures, lorsque la cloche de mon hôtel me rendit le souvenir de mon existence.... J'accours... je vole... je me précipite et je heurte en chemin un ami de collége, M. Adolphe C......., papetier à Nîmes.

— Le ciel conduit tes pas ! lui criai-je en l'étreignant fortement.

— Que le bon Dieu te protége ! me dit-il ; si tu reçois tes amis de cette façon, tu dois souvent lutter entre l'ennui et la solitude.

— Ecoute, cher Adolphe, écoute-moi. L'heure du déjeûner est arrivée, prends mon bras et entrons philosophiquement en matière.

— Tu sais que je ne suis pas un fort gastronome.

— Qui te parle de gastronomie ? Laisse de côté Savarin, Berchoux, Appert, Carême et toute la milice pantagrueliste. Il s'agit bien de cela maintenant. Je veux apprendre de toi ce que j'ignore. Je veux parler de Reboul, et que, de notre entretien, sans qu'on s'en doute, transpire une biographie.

— Je te comprends, maintenant.

— Me promets-tu d'être clair et précis ?

— Aussi clair que Cicéron, disant à son interlocuteur : « *Jusques à quand Catilina....* »

— Très-bien ; mais avant, prends de ce rôti, l'odeur en est appétissante.

— Arrosons-le d'un verre de bourgogne et je commence aussitôt.

— *Ad libitum*, très-cher !

II.

Mon ami prit la parole.

Jean Reboul est âgé de soixante ans. Ses épaules sont larges, sa démarche est lente. Sa tête dont les lignes sont nobles et distinguées, porte les rides du travail (chez lui chaque ride atteste un succès, et Dieu sait si elles sont nombreuses). Ses yeux sont de ces yeux puissants et veloutés faits pour exprimer l'amour ou la haine. Il cause peu et bien ; il fume beaucoup et il crache peu. Il est parfois distrait ; sa conversation s'anime souvent d'une pointe d'aimable gaité et d'inoffensive plaisanterie. Sa diction est lente et bien sentie ; lorsqu'il lit son bras s'étend, sa main se ferme, à l'exception de l'index qui suit le mouvement de la pensée et du vers. Son costume, très-simple et très-propre, tient un milieu sévère entre le peuple et la bourgeoisie ; sa chambre est d'une simplicité presque monastique ; des rideaux blancs au lit et à la croisée, quelques chaises de paille, un bureau de noyer, un crucifix d'ivoire, un modeste canapé forment tout l'ameublement.

— Tu es prodigieusement beau dans tes descriptions ; mais il ne me suffit pas de voir Reboul, je veux le connaître dans ses plus secrètes intimités de famille et de cœur.

— Reboul avait pour père un serrurier qu'une maladie de poitrine conduisit à la tombe. — La petite fortune qu'il avait acquise lui permit de faire élever son fils dans un pensionnat de Nîmes.

On enseignait là ce qui s'apprend aujourd'hui dans nos écoles primaires de premier ordre.

A treize ans, Reboul faisait des transcriptions chez un avoué ; mais le métier de copiste n'allait guère à son âme ardente et ne pouvait d'ailleurs lui assurer un avenir.

Sa mère restée veuve avec quatre enfants, restreignit les dépenses. — Reboul prit l'état de boulanger.

Marié jeune, il perdit sa première femme après quelques mois de mariage. Une seconde union ne lui donna qu'un bonheur peu durable.

Dès l'année 1820, Reboul était membre d'un cercle de joyeux vivants. Ils se réunissaient dans un café, vis-à-vis l'esplanade, où Nîmes voit dans les soirées d'été une foule de gais promeneurs. Ce fut là que se révéla le talent poétique de Reboul; entre un verre de bière et un cigare, il y composa des chansons et des satires.

Voici son début :

Air : *Si le roi m'avait donné.*

Loin celui qu'un coup de vin
 Jette dans l'ivresse

Qui d'un tranquille festin
Trouble l'allégresse ;
Mais viennent ces gais lurons
Qui vous vident vingt flacons
Sans que ça paraisse
O gué !
Sans que ça paraisse.

Une composition d'un genre comique suit immédiatement cette chanson. Il s'agit d'un duel, il faut que l'un des deux périsse sur la place. « Partons ! » s'écrie le plus véloce, on part, on vole, on est sur le terrain, les épées sont au vent....

On les croise :.... à l'aspect des pointes meurtrières
Sur leurs fronts pâlissants se dressent leurs crinières ;
Environnés d'amis, ils ne s'attendaient point
Qu'on laissât arriver la querelle à ce point.
D'un œil impatient regardant en arrière
Ils maudissent trop tard leur audace première

Quelques moments encor et l'on verrait à nu
De la peau du lion, le baudet revêtu.
Mais l'un des assistants grand chercheur de lippées
Gravement se présente entre les deux épées :
« De ce combat, dit-il, interrompez le cours,
La bravoure est hélas ! si rare de nos jours !

. . . .

. . . .

Accourons chez Durand et que chacun de vous
Sur un dindon truffé décharge son courroux.
Là, dans tous les défis, l'arme est une fourchette,
Le rival un ami, le combat une fête,
Et la palme à gagner est à celui des deux
Qui pendant le festin boit et mange le mieux.
Je donne un bon conseil, c'est à vous d'y souscrire. »

Comme toutes les donquichottades, ce combat n'eut pas de suites fâcheuses, car on entendit, bientôt après, un témoin s'écrier :

Buvons à la santé du buveur triomphant,
Inébranlable encor quand tout est chancelant.

En 1828, la *Quotidienne* publia l'*Ange et l'Enfant*. Nul chant de Reboul n'a trouvé autant d'admirateurs ; M. de Lamartine étonné applaudit par une *harmonie* et chanta le *Génie dans l'obscurité*. Reboul répondit, et ce fut entre les deux poëtes un noble échange de courtoisies. Voici ce que dit M. de Lamartine dans ses *harmonies* :

« On connait le génie poétique et sensible de M. Reboul ; poëte et ouvrier, si antique de pensée, si noble de sentiment. Le travail ne déroge pas. On connait moins sa vie. Je l'ignorais moi-même. Un jour, passant à *Nimes*, je voulus, avant de visiter les *Arènes*, visiter ce frère en poésie. Un pauvre homme que je rencontrai dans la rue me conduisit à la porte d'une petite maison noire sur le seuil de laquelle on respirait cette délicieuse odeur de pain cuit sortant du four. J'entrai : un jeune homme en manches de chemise, les cheveux noirs légèrement cendrés de farine, était au comptoir vendant du pain à de pauvres femmes. Je me nommai, il ne rougit pas ; il passa sa veste, et me conduisit par un escalier de bois dans sa chambre de travail au-dessus de sa boutique. Il y avait le lit de sa femme, une table à écrire, quelques livres et quelques vers commencés sur des feuilles éparses. Nous causâmes de notre métier commun. Il me lut des vers admirables et des scènes de tragédies antiques qui respirent la mâle sévérité du génie romain. On sentait que cet homme avait fréquenté les souvenirs vivants de Rome et que son âme était une pierre détachée de ces monuments au pied desquels il avait grandi, un lierre ou un laurier sauvage du pont du Gard ou des Arènes.

Depuis, j'ai revu Reboul à l'Assemblée Constituante. Ame libre et née pour une République ; cœur simple et pur comme il en faudrait tant au peuple pour lui faire conserver et honorer la liberté qu'il a conquise et qu'il perdra s'il ne sait, ni la modérer par la justice, ni la sanctifier par la vertu. »

Nous ne comprenons pas que dix ans après, M. de Lamartine ait écrit, dans le *Conseiller du Peuple*, au bénéfice de Mlle Reine-Garde :

« *Ce ne sont pas les vers durs et métalliques de Reboul.* » — Qu'est-ce que cela prouve ? interrompis-je aussitôt. — Cela prouve que le cœur humain est toujours le même ; depuis Adam jusqu'à M. de Lamartine, le cœur de l'homme a été pétri de vanité, de sottise et de faiblesse. Lorsque M. de Lamartine ne voyait dans Reboul qu'un enfant en poésie, il l'a secouru, il lui a tendu une main charitable ; mais lorsque l'enfant s'est grandi de toute la hauteur qui les séparait, les rôles ont changé. M. de Lamartine a cru voir une ombre dans sa supériorité, et dès-lors il l'a jugé, non pas comme un professeur qui corrige son élève, mais bien comme un rival qui craint de se voir surpassé par celui-là même duquel il n'avait rien à craindre.

En 1835, M. Alexandre Dumas, annoncé par une lettre du baron Taylor, vient visiter l'illustre boulanger. Il le décida à publier son premier recueil de poésies qui parut en 1836, sous les auspices de MM. Dumas et Lamartine.

Le 15 juillet 1838, M. de Châteaubriand descendit chez son humble frère en poésie. M. Reboul, occupé à servir ses nombreux clients, répondit au secrétaire de l'illustre voyageur qu'il n'était visible qu'à cinq heures du soir. Mais lorsqu'il vit sur la carte qui lui fut remise le nom de Châteaubriand, il se confondit en excuses et se hâta de retenir son noble visiteur.

Au mois d'avril 1839, Jean Reboul vint à Paris publier son poème du *Dernier Jour*.

Accueilli, fêté par les écrivains les plus célèbres, il parut dans de brillants salons. Mais bientôt fatigué du luxe et des bruits étourdissants de la capitale, il retourna gaîment à sa laborieuse existence, à ses anciennes habitudes.

— Sais-tu quelque chose sur ce poème, demandai-je à mon ami.

— Je l'ai lu, relu et toujours avec un plaisir nouveau.

— Avant de me dérouler les péripéties de ce pélerinage (car c'en doit être un), buvons un verre de ce *lacrima-christi* en l'honneur de ton compatriote.

Nous levâmes nos verres aussi haut que nos bras purent nous le permettre, et d'une même voix :

— A Reboul !

— A son immortalité !

— Veux-tu que je te fasse une confidence, me dit Adolphe avec volubilité ; eh bien ! Reboul est un garçon plein de mérite, mais il fait un métier qui ne lui convient pas. Je lui ai entendu dire souvent : « Ah ! si j'avais seulement une maison à moi et quinze cents francs de rente, j'enverrais l'état de boulanger bien loin. »

— Laissons là tes confidences et dis-moi l'impression qu'a laissée dans ton esprit la lecture de ce poème.

— Le *Dernier Jour* est une œuvre toute chrétienne, écrite dans le noble but d'arrêter cette lèpre hideuse qui gangrène le corps social pour le livrer sans défense aux suppôts de l'enfer. En un mot, c'est après Dante un des meilleurs écarts d'une ardente imagination.

Le prologue de cette œuvre grandiose est écrit avec un stylet. Ce ne sont point les larmoyantes complaintes de Jérémie, c'est le courroux de Moïse écrit avec la plume de saint Jean :

« Sinistre précurseur d'immenses funérailles,
Vous voulez que je crie autour de nos murailles :
Jérusalem, malheur à toi !
Malheur à toi, malheur, ô cité de scandale !
Je dirai malheur jusqu'à l'heure fatale
Où je redirai malheur à moi ! »

Le poète entre immédiatement en matière par

une invocation à l'ange des ruines. Il jette un coup d'œil sur la situation morale du monde, nous dépeint le dernier lever du soleil et l'effroi de la nature. — Au second chant, il entre dans la région du vide, voit les lieux habités par les siècles écoulés, les spectres des villes et des nations. Il rencontre la France et l'ange qui le conduit lui en fait toucher le sol.

Après un court entretien, la France elle-même raconte sa mort.

. . . .

Chacun se regarda comme un Christ envoyé.
De l'antique Babel je fus bientôt l'emblême,
Le moindre moucheron bourdonna son système.
Chacun de mes enfants, désastreux médecin,
Accabla ma langueur d'un dictame assassin.
Mais aucun ne venait dans sa douleur amère
Se pencher sur ma couche et me dire : ma mère !
Je me fusse levé au cri de leur amour....
Mais tout cœur resta froid et j'eus mon dernier jour.

Après ce monologue, si plein d'enseignements, le poète entre dans le ciel. Il nous décrit son aspect avec un charme presque divin ; on croit ouïr le chant des élus et voir défiler processionnellement l'âme d'un enfant, d'un savant, d'une épouse, d'un pauvre, d'un insensé, d'un poète oublié, d'un roi, d'un guerrier, d'un prêtre ; puis tout-à-coup la légion des anges gardiens des globes, qui supplient Jéhova d'en suspendre la destruction. Mais la justice divine s'arme des fléaux et les lance sur l'univers.

Les anges en pleurs retournent vers leurs globes et l'archange Michel parle à celui qui conduit le poète.

Alors, l'ange lui explique tout ce qu'il vient de voir et le fait entrer dans les limbes des enfants morts sans baptême. A côté se trouvent les lieux des expiations temporaires. Ce n'est que pénétré d'une sainte horreur qu'il en franchit le seuil.

« Et j'entendais aussi de ces mers dévorantes
Sortir confusément des plaintes déchirantes.
L'une d'elles disait : Voilà quatre mille ans
Que je suis le jouet de ces feux violents.
Et mon âme, ô mon Dieu ! s'y fût évaporée
Si pour l'éternité tu ne l'avais créée.
Je sens au long tourment que j'ai déjà souffert
Que j'avais effleuré les bornes de l'enfer.
Mais ôte à ta justice, ajoute à ta clémence !
Que du bonheur pour moi l'ère bientôt commence !
Quand pourrai-je, quittant tout ce que j'ai d'impur,
Aller me rafraîchir dans l'éternel azur !...
Mais rien ne répondit : impassible couleuvre,
La flamme autour de lui continua son œuvre. »

Comme Dante, Reboul fait aussi sa descente aux enfers. L'ange qui le guide sans cesse dans ces mille sentiers où le pied humain ne se posa jamais, ordonne à Lucifer d'amener ses damnés dans la vallée de Josaphat. A cet ordre Lucifer répond par des imprécations et les damnés eux-mêmes poussent des cris affreux. Ils sortent. Moment terrible pendant lequel une sueur froide inonde le poète. — Il recule d'épouvante en voyant passer devant lui les avares, les suicidés, les prêtres rénégats, les imposteurs, les esprits déchus du nouvel évangile, les athées, les écrivains sans foi, les faux tribuns, les ambitieux, les mauvais rois, les crimes divers et l'enfer une fois vidé, il peut en sonder les sombres profondeurs.

« Le repos de l'enfer rend sa nuit plus obscure
Et mon ange me dit : voici le seul moment
Où cette enceinte doit se trouver sans tourment.
Privé de ses damnés l'abime s'évapore,
Car le crime fait seul le feu qui le dévore. »

Saisi de frayeur, il quitte « les ombres éternelles. »

« Nous avons retrouvé l'aspect de l'univers.
Mais son jour m'épouvante. .. et je sors des enfers.

On dirait en voyant les désordres des mondes
Des poissons dont on vient d'empoisonner les ondes.
De nocturnes troupeaux dispersés tout-à-coup
Quand le bois fait ouïr les hurlements du loup.

Et tout-à-coup, l'ange, son guide fidèle, s'envole vers la céleste voûte ; il s'éclipse à sa vue et le laisse isolé au milieu de l'air. — Singulière position dans laquelle on ne se trouve pas deux fois. — Le poète équarquille ses yeux et au-dessous des ténèbres qui l'environnent, il reconnait la terre où dormaient ses aïeux.

« La terre où je vécus, où ma jeune paupière
Pour la première fois s'ouvrit à la lumière. »

C'est encore là que le poète « blotti au milieu des ruines » voit la mort s'approcher. Mais n'apercevant plus rien dans l'immense étendue, elle se tient des propos effrayants :

« Ma victoire m'effraie et me coûtera cher,
Je sens ma faim renaître et n'ai plus que ma chair ;

Dilemme sans pitié, je n'ose te poursuivre,
Ce n'était qu'en tuant que la mort pouvait vivre !
Si la vie immolée était mon aliment,
Ma dernière victime est mon dernier moment.
Elle dit, et consomme enfin son suicide ;
Tel l'insecte hideux, hôte de l'ombre humide,
Quand un cercle de feu le retient en prison,
Se pique de son dard et meurt de son poison. »

Voilà comment meurt la mort. La trompette dernière résonne si fort qu'elle fait ouïr la surdité des pôles. Le Christ apparait et juge les humains. Les globes se dissolvent et le néant, debout, les bras croisés, la paupière charmée, s'écrie :

« Je fus long-temps banni, mais je reprends mes droits. »

Et tout fut aussitôt ombre, vide, silence.

— Voilà, mon ami, ce long drame dans son entier. Tu me permettras bien, je pense, d'accepter une *canette* de bière en dédommagement ;

— Ah! de grand cœur! mais complète ton récit en me disant ce que fait notre poète.

— A Nîmes, sa vie est retirée. Il s'est fait une loi de n'accepter aucune invitation. Il n'en est pas moins connu et aimé. Son intimité se compose d'hommes du barreau, d'ecclésiastiques, de jeunes gens dont quelques-uns sont poètes.

— Alors il est ton antipode, puisque tu ne vis pas en Anachorète et que tu acceptes tout ce que je t'offre.

— Farceur, viens donc me payer de la bière; et si tu es sage, tu sauras le nom de la tragédie qu'il vient de faire représenter et je te lirai quelques-unes de ses nouvelles poésies.

JASMIN

LE COIFFEUR D'AGEN.

JASMIN

LE COIFFEUR D'AGEN.

A côté de Reboul, se place naturellement le poète agenais. Ces deux génies parurent dans le monde littéraire à peu près vers la même époque ; et l'on ne connaissait alors que le boulanger de Nîmes et le coiffeur d'Agen parmi les poètes prolétaires. Leurs noms s'entouraient de splendeur et de gloire ; leur mérite éblouissait les yeux de tous et Reboul et Jasmin donnaient l'essor à cette cohorte poétique dont s'honore la France.

Jasmin!... Ce nom semble éclos d'un mélange d'amour et de poésie ; il est frais comme l'air du matin, comme les vers qui sortent de sa bouche lorsqu'il s'écrie :

« Las carrèros diouyon flouri,
« Tan bèlo nobio bay sourti ;
« Diouyon flouri, diouyon grana
« Tan bèlo nobio bay passa. »

Ce n'est pas assez que les rues se remplissent de fleurs; mais il faut que ces fleurs s'égrènent et que leur parfum s'envole pour fêter le passage de la fiancée.

Jasmin, vous le connaissez; vous l'avez vu dans les palais, dans vos familles, dans vos fêtes; c'est lui qui venait réjouir votre demeure, attendrir votre cœur et mollement agiter votre âme. Sa poésie est un arôme qui se répand en tout lieu et qui trouve un abri dans ce qu'il y a de plus intime en nous.

Ses œuvres furent publiées à Agen en 1835, sous le titre de : *las Papillotos*. Elles furent suivies, en 1836, d'un petit poème aussi frais que touchant, intitulé : *l'Abuglo dè Castèl-Cuillè*. *Las Papillotos* sont un recueil de différentes poésies de l'auteur où sa vie se trouve retracée toute entière. Le poème intitulé : *Mous soubénis*, contient exclusivement une série d'aventures qui se rattachent à Jasmin, C'est une série de tableaux distribués avec goût et dont le charme est ravissant. Les vers qui suivent et qui ont pour titre : *A la bilo dè Toulouso*, prouvent combien son amour fut grand pour la cité palladienne.

DÉDICAÇO A LA BILO DE TOULOUSO.

1840.

Quand bézioy puntéja l'aoubéto blanquignouzo
D'aquel mésqué fay espéli

La flou dé poèzio et del brot et del li,
Mé dizioy douçomen : O Toulouso ! Toulouso !
Qué mé trigo d'ana sur ta berdo pélouzo
Flouda de pimpouns-d'or lou clot dé Goudouli !
Et pimpouns-d'or en ma, talèou qué jour besquéri,
Troubadour-pélérin dé cats à tu m'abièri.

Toun Capitolo tan famus,
Tous palays, tous clouchès qué mounton tan lassus,
Toun grand noum, dé *Bilo Subento*,
Mé fasquèron d'abord arrémouza dé crento;
Més quand toun Puple et tous Moussus,
En brabes fils dé la Garono,
Fasquèron tindina nostro lengo qué sòno,
Sentisquèri ma poou tramboula, s'abali;
Sounèri jou tabé dé ma lengo; escoutères,
Et, dins un grand frustin, apèy, me batizères,
Fil de Toulouso et fray de Goudouli!

Bou diou ! li sembli doun !... El qu'és al Capitolo !!...
Souy fièr dé li sembla !... Boudroy, dins ma glouriolo,
Qué sas cansous et mas cansous

Nous fasquèssen un jour préné per dus bessous !!
Toulouso, en attenden, espoumpat d'espérenço,
Entroqui lous cabel de ma récounechenso,
Et té porti ma garbo. Oh ! soun pés n'és pas lour ;
Rougiyoy mêmo aillurs dé fa beyré al grand jour
La paourétat dé moun bagatgé ;
Més aci, n'ey pas poou ! souy tou fil ! èy couratgé !
Car sabi qué pertout, uno may, ès toujour
Indulgento per soun maynatgé.

Ainsi les créations de Jasmin se montrent fraîches et vives. La poésie est d'un style franc et populaire ; ses improvisations sont chaleureuses et nous le saluons comme la France entière salua Béranger auquel le poète agenais semble se rattacher.

Les poèmes de l'*Aveugle*, *Marthe la folle*, *Françounéto*, sont autant de chefs-d'œuvre qui ont mis dans son pays le comble à la gloire de Jasmin ; et ce pays auquel il sacrifie sa Muse, lui a fait dire :

Dins ma bilo, oun .cadun trabaillo
Daycha m'esta doun coumo sèy !
Cado estiou, may counten qu'un Rèy,
Grägny ma pichouno ras couaillo,
Apey, canti coumo un pinsan,
A l'oumbro d'un bioulé ou d'un fraychè
Trop hurous dé béni piel blan ;
Dins lou pays qué ma bis nayché !

Heureux, Jasmin, bien heureux sont vos lecteurs, unis à vous par un charme indissoluble et dont la tendresse à l'abri des déceptions ne sera rompue qu'à leur dernier jour.

MARIUS FORTOUL.

MARIUS FORTOUL

LE BIJOUTIER-POÈTE.

Marius Fortoul était du petit nombre d'ouvriers qui savent se reposer du travail matériel par le travail de l'esprit. Il cherchait et trouvait dans l'étude un délassement à ses labeurs. Le jour, assis à son établi de bijoutier, il façonnait avec adresse l'or et l'argent qu'il enviait moins que la gloire ; et le soir, rentré dans sa chambre

MARIUS FORTOUL

LE BIJOUTIER-POÈTE.

Marius Fortoul était du petit nombre d'ouvriers qui savent se reposer du travail matériel par le travail de l'esprit. Il cherchait et trouvait dans l'étude un délassement à ses labeurs. Le jour, assis à son établi de bijoutier, il façonnait avec adresse l'or et l'argent qu'il enviait moins que la gloire ; et le soir, rentré dans sa chambre modeste, imbu des saintes et nobles idées du christianisme, il demandait à ces grands écrivains qu'on nomme Lamartine et Châteaubriand, le simple reflet du moindre rayon d'or de leur auréole de poète.

Fortoul le bijoutier était réellement poète; en 1847, le chantre des *Harmonies* l'avait honorablement remarqué dans la foule de cette jeunesse studieuse qui fréquentait assidûment l'*Athénée ouvrier*, dont Fortoul fut un des heureux fondateurs.

Plus tard, quand il y eut scission parmi les membres de cette académie populaire, Fortoul fut élu président de la nouvelle société, qui porte aujourd'hui le nom d'*Athénée Phocéen*, et là, comme ailleurs, il travailla sans relâche à sa chère poésie, comme il le disait si tendrement. Fortoul publia dans cet intervalle une foule de pièces poétiques dont quelques-unes furent dédiées à certaines sommités artistiques, M. de Lamartine en tête. On en trouve plusieurs dans le recueil de l'*Athénée-ouvrier*, volumes pleins d'intérêt que Joseph Autran dota d'une préface dans laquelle on retrouve toutes les brillantes qualités de l'illustre auteur de la *Fille d'Eschyle*.

La *Mort de Caton*, étude antique que Fortoul fit représenter au Théâtre-Chave, indiquait un progrès réel. Cette esquisse du dernier Romain renfermait des vers d'une facture large et concise.

C'en est fait, j'ai vécu puisque Rome est flétrie ;
Caton ne verra plus une indigne patrie.
Pharsale a décidé quel sera mon destin ;
Et l'honneur l'a voulu, mon trépas est certain.
Je vous suivrai bientôt sur les rivages sombres,
Héros dont j'aperçois les redoutables ombres !
Vous qu'a trahis le sort et qui, le glaive aux mains,
Dans votre désespoir êtes morts en Romains.

Votre attente aux enfers ne sera pas trompée ;
Moins grand, mais non moins fier, Caton suivra Pompée.
C'est en vain que César, en tyran généreux,
Espère me couvrir d'un pardon généreux ;
Que Cicéron l'accepte et que d'autres l'implorent,
Les bienfaits d'un tyran souillent et déshonorent !
Avec la liberté j'ai juré de périr,
Avec la liberté je dois enfin mourir !
Il est plus glorieux, sous le joug qui m'entrave,
D'expirer en héros que de vivre en esclave !
Le regard du vainqueur ne m'a point fait pâlir,
On peut vaincre Caton, mais non pas l'avilir.

Le public témoin de ce monologue fit un bon accueil à l'auteur. Plus tard, le bijoutier-poète s'éloigna de son genre élégiaque.

Ce fut un jour qu'il entendit le troubadour languedocien Jasmin, autre ouvrier qui, comme lui, avait reçu l'influence divine. Encore sous l'impression de cette poésie patoise, si naïve, si charmante, il prit la plume, et d'un trait il improvisa ces quelques strophes pleines de sentiment qui touchèrent le cœur du poète agenais :

A M. JASMIN.

Heureux enfant de la Garonne,
Comment pourrai-je interpréter,
Alors que ta lyre résonne,
Ce que j'éprouve à l'écouter ?
Quelle est la muse qui t'inspire ?
Contre elle je veux murmurer :
Les gascons m'ont toujours fait rire,
Et tu veux me faire pleurer.

Ta voix forte, mélodieuse,
Frappe l'esprit, saisit le cœur ;
C'est une pluie harmonieuse,
C'est l'ouragan dans sa fureur.
Tu chantes, j'écoute, j'admire ;
Mais je ne puis plus l'endurer...
Les Gascons m'ont toujours fait rire,
Et tu veux me faire pleurer.

Dans ta course rien ne t'arrête ;
Pour nous exprimer les douleurs,
Aussi grand peintre que poète,
Tu trouves toutes les couleurs.
Lorsque tu chantes, je soupire
Et n'ose à peine respirer...
Les Gascons m'ont toujours fait rire,
Et tu veux me faire pleurer.

Au récit de *Marthe-la-Folle*,
Mon âme prompte à s'émouvoir,
Sous les parfums de ta parole,
Subit un magique pouvoir.
Dans les pleurs je vais m'égarer...
Les Gascons m'ont toujours fait rire,
Viendrais-tu me faire pleurer ?

Que j'aime le portrait sublime
Que tu nous fais des *Deux jumeaux ;*
Je sens leur amour légitime,
Et je partage tous leurs maux.

Quand le plus malheureux expire
Je crois que je vais expirer...
Les Gascons m'ont toujours fait rire,
Toi seul me feras-tu pleurer ?

Mais, quel est ce convoi qui passe ?
Des filles l'inondent de pleurs,
Et de pauvres, à cette place,
La foule le couvre de fleurs ?
La charité gémit, soupire,
Et semble se désespérer...
Les Gascons m'ont toujours fait rire,
Et tu viens me faire pleurer.

Heureux enfant de la Garonne,
Comment pourrai-je interpréter
Alors que ta muse résonne
Ce que j'éprouve à l'écouter ?
Oh ! je reconnais ton empire,
Je ne veux plus que t'admirer...
Les Gascons m'ont toujours fait rire,
Et Jasmin seul m'a fait pleurer !

Marius Fortoul avait une physionomie douce et avenante ; son regard brillant et mélancolique à la fois donnait à son visage une expression toute poétique. Dévoré par la phthisie pulmonaire, il eut une agonie longue et cruelle, traversée cependant par quelques éclairs d'espérance. Dans ces moments il rêvait à la gloire pour laquelle il travaillait ; il parlait de Paris, ce foyer éternel de la science et des arts ; et quand les douleurs poignantes de la maladie lui déchiraient la poitrine, ses yeux se dessillaient et il retombait dans l'accablement, disant à ses amis qui l'entouraient au chevet de son lit : « Merci, mes amis, merci.... Oh ! je le sens... je ne vous donnerai bientôt plus de peine.... merci !

Il mourut en prononçant ces paroles... il avait 27 ans !!!

MAGU

LE TISSERAND DE LISY-SUR-OURQ.

MAGU

LE TISSERAND DE LISY-SUR-OURQ.

Vous connaissez ce poète aimable et naïf dont s'honore la petite ville de Lisy. C'est le chantre du village dont la voix se dilate et soupire lentement comme fait la cornemuse dans les fêtes populaires : c'est lui qui fait ses vers sans vanité, comme il fait ses toiles, et il ne leur donne d'autre prix que celui de l'amour qui les inspire. Sa vie est paisible et tranquille, et nul souci errestre ne trouble la sérénité de son visage ; il fait comme l'oiseau qui chante, comme le ruisseau qui fuit ; sa poésie est un parfum qui s'échappe et qui nous berce mollement.

Voilà le poète tel que Dieu le crée, sans atours et sans mensonges, plein de modestie et de grace.

Sa naissance précède d'une année cette époque fatale pour de nombreuses familles, et c'est 1788 qui le vit naître. Ses jeunes années l'initièrent aux peines de la vie ; les durs travaux des champs absorbèrent son enfance et les faibles leçons que l'on recevait dans une école d'alors ne vinrent point en aide à son imagination. C'est au milieu des dons que lui prodigua la nature qu'il trouva cette chaste poésie toute nue et sans art, comme elle nous apparait dans ses œuvres. La Fontaine et Béranger lui servirent de modèles, et tous les deux étaient ses auteurs favoris.

Aussi, dans sa ferveur, il dit à l'illustre chansonnier :

Cher maitre, je ne pensais guère
Qu'un grand poète, et le plus grand,
Un jour traiterait de confrère
Qui ?... Moi, le pauvre tisserand.

. . . .

Heureux enfin je pourrai dire,
J'ai du pain, je puis me loger,
Et cent fois chanter sur ma lyre :
Mon bienfaiteur c'est Béranger.

Voyez avec quelle franche bonhomie Magu parle ce doux langage ; langage si doux que dames et demoiselles accourent pour l'entendre. Oh! les femmes surtout, car elles aiment cette poésie qui tient du chevaleresque et qui redit ces histoires du vieux temps, ces contes de la veillée, ces récits de tourelle et de manoirs ; ces voyages lointains, ces absences cruelles du Seigneur et maître, et pendant lesquelles la gente dame se plaisait aux accords du gentil ménestrel. Oh! brave Magu, que ne dites-vous encore d'aimable et de gracieux, quelle noble courtoisie et galante fraîcheur respirent vos écrits. En lisant les titres et les dédicaces qui se trouvent au frontispice de chaque pièce de vers, on en trouve plusieurs qui portent le nom d'une femme. C'est une galerie charmante, et le pastel se trouve encadré dans un brillant tableau; et parmi ces pastels celui que l'œil distingue et que le bon goût apprécie, s'adresse à Mme Ferray :

Vous fîtes à ma Muse un généreux accueil;
Vous parlez, et bientôt j'ai deux cents francs de rente;
C'était trop peu pour vous, ô femme bienfaisante!
Vous-même vendez mon recueil.
Croyez que le cœur du poète
Se souviendra jusqu'au tombeau,

Qu'il vous doit sa maisonnette
Et le repos dans sa retraite,
Deux amis : Racine et Boileau.
Aussi je veux toujours vous nommer mon bon ange,
Ce nom-là, j'en suis sûr ne vous est pas étrange !
C'est un nom qui revient si doux au souvenir !
L'autre que vous portez à tout moment m'échappe,
Mais celui qui vous peint est celui qui vous frappe,
Le seul que je veux retenir.

Oh ! Magu ! que la gloire poétique vous couronne à jamais, que votre front s'entoure des lauriers que vous avez cueillis dans le royaume d'Apollon ; que les Muses, dans leur temple révéré, vous accueillent ; et comme dans ce tableau que peignit Jules Romain, que leur transport les fasse, dans une ronde, voltiger autour de vous.

ROUGET

LE TAILLEUR DE NEVERS.

ROUGET

LE TAILLEUR DE NEVERS.

I.

Un poète contemporain de Vadé, écrivait en tête de son ouvrage : Je donne ici un choix de mes poésies. Me survivront-elles ? C'est là le moindre de mes soucis. Je n'ai pas la sotte prétention de passer à la postérité, quand de véritables talents tombent plus ou moins vite dans le plus profond oubli. Si j'avais passé une heure par jour à *sacrifier aux Muses*, j'aurais sans doute beaucoup de volumes ; mais j'ai toujours laissé aller au vent mes pensées et mes vers, me contentant des jouissances que me donnaient ces rêveries.

Ces lignes, où respire une défiance de forces, peuvent s'appliquer à Rouget. Le lecteur en jugera par cette courte biographie.

Le 27 janvier 1803, Vendôme, la patrie du vieux Ronsard, vit naître Rouget.

L'enfance de notre héros se passa comme toutes les enfances avec ses rires, ses caresses et ses pleurs.

A onze ans il sortit d'une petite école tenue par une vieille femme qui s'appelait la mère Guinebaut. Là, garçons et filles se trouvaient pêle-mêle.

Rouget savait lire, mais son *calcul*, son *orthographe* et son *français* étaient d'une nullité complète.

Il fit sa première communion.

Son père, pauvre journalier, l'appela un matin et lui tint ce discours : Mon enfant, te voilà en âge de travailler. Choisis un métier qui te plaise ; et si tu veux me croire tu seras cordonnier ou tailleur ; le règne de Bonaparte peut durer long-temps encore, tu tomberas probablement à la conscription ; alors, cordonnier ou tailleur, tu pourras travailler dans les ateliers, ce qui vaudra mieux que d'aller se faire tuer sur le champ de bataille. »

Ce langage n'avait rien d'un héros d'Homère, mais il décélait un grand fond d'amour paternel et un grand bon sens.

Charles réfléchit pendant quelques jours s'il devait se faire cordonnier ou tailleur.

Or, un matin il remarqua dans la rue un maître tailleur élégamment vêtu, et cela fixa son choix.

Son père ne perdit pas de temps : il alla chez un maître tailleur et convint avec lui que Charles resterait trois ans en apprentissage pour la somme de trente francs.

Pendant son repas et à la dérobée, Charles dévorait les œuvres de Pigault-Lebrun, de Cotin, de Genlis, de Ducray-Dumesnil ; en un mot, de ces romans qu'on lisait il y a quarante ans et dont on ne parle plus maintenant.

L'apprentissage terminé, Charles gagna dix sous par jour, qu'il employait à satisfaire les caprices d'une cousine de son âge qu'il aimait beaucoup.

Chez cette cousine, il y fit la connaissance d'un coutelier qui avait pour pseudonyme le nom que prit Ulysse dans la caverne de Polyphème.

C'était un petit homme, trapu et laid. Sa figure toute socratique avait une grande expression d'ironie. Ses petits yeux perçants étaient enfoncés sous d'épais sourcils gris. Il passait pour un fou au dire des imbéciles. Il joignait à une bonne instruction, une mémoire prodigieuse. Aussi comme il pérorait ! comme il passait en revue les Grecs et les Romains : Démosthènes et Cicéron ! Eschine et Hortensius ! Annibal et les Scipions et César et Pompée ! Charles était heureux de l'entendre évoquer ces héros, ces orateurs, ces personnages consulaires !

Il passait souvent des heures entières chez son ami, que la parque Atropos emporta trop tôt vers les sombres demeures de l'Achéron.

Dans cette vie toute de contrastes, une idée qui surgit, un amour qui s'éveille changent souvent tout un plan de conduite et lancent un jeune homme dans cette voie fusible qui n'a de bornes que l'inconnu.

La cousine de Charles avait pour amie une jeune anglaise, blanche et fraiche, aux cheveux châtains, aux yeux grands et bleus. Sa bouche était petite et s'ouvrait sur une rangée de dents nacrées. Sa taille était faite comme un corset d'abeille. Un maintien décent, une candeur d'ange complétaient aux yeux de Charles cette perfection que Dieu semblait avoir créé pour le délassement de ses chérubins bien-aimés ; mais,

Voir, aimer sans toucher, c'est souffrir tous les maux
Que Tantale, altéré, souffre au milieu des eaux.

Un soir (le soir est toujours propice aux amoureux) que la cousine et son amie s'étaient attardées dans une maison, Charles accourut à leur rencontre. Il offrit son bras à la jeune anglaise, et chemin faisant (comme par hasard) la main de Charles serra avec amour la main fine et soyeuse de son amie. De là naquirent ces menus-propos, ces doux chuchottements dont les conséquences furent un rendez-vous pour le lendemain.

La joie que dut éprouver notre poète ne peut pas se décrire. Pour se voir et se parler à l'aise, nos amoureux firent échange de leçons. Rouget apprenait l'anglais et Mlle *** recevait des leçons de danse.

Le temps qui était consacré à leurs leçons respectives, se passait en causeries douces, intimes, enflammées; l'enivrement le plus doux et le plus pur succédait aux baisers de cet heureux couple que le ciel bénissait déjà... Hélas!... Mlle *** fut rappelée à Paris par le milord Bilde qui la chargeait de l'instruction de ses enfants.

Ce fut pour Rouget un coup de foudre. Leur séparation fut cruelle. Charles tomba malade, et pendant trois mois ce ne fut qu'un immense délire dans lequel il voyait son A[illegible]eline lui sourire et l'appeler. La nuit, le matin, le soir, toujours il la revoyait à son chevet et l'appelait son bon ange gardien.

Aux grands maux les grands remèdes.

Charles comprit que se lamenter ne servirait de rien, et, cédant à son désir insatiable de lecture, sa chambre fut bientôt remplie de bouquins qu'il achetait de tous côtés à deux et quatre sous. Il eut de cette façon Molière, Racine et Corneille.

Béranger et Emile *Débrault* florissaient alors; ce dernier était peut-être plus populaire que Béranger. Les orgues de Barbarie faisaient *gémir les échos* des airs du *Mont Saint-Jean*, *de la Colonne*, etc., etc. Les lauriers de ces deux poètes l'empêchaient de dormir, et il se disait : Pourquoi ne ferais-je pas des chansons? Il se mit à l'œuvre, et au bout d'un ou deux mois, il en avait un recueil de trente ou quarante, qui, si elles ne furent pas imprimées, n'en étaient pas moins chantées par ses camarades.

Le poète s'adresse à de jeunes oiseaux qu'il avait rendus à la liberté et qui viennent lui demander une cage pour se garantir d'un hiver rigoureux :

Enfants des airs, vous franchissiez l'espace,
Vous n'aurez plus qu'un modeste horizon ;
Mais si la nue ou si l'orage passe,
Il n'atteindra jamais votre prison.
Là, dans le calme et la philosophie,
Vous vieillirez éloignés des pervers.
La liberté, c'est la vieille utopie !
Bien bas, bien bas, modulez vos concerts !

Méfiez-vous, si quelque voix encore,
Voulant troubler votre douce gaité,
A vos barreaux jetait ce mot sonore,
Ce mot menteur : Peuple ou fraternité !
Rappelez-vous qu'une imprudente course
Vient d'aboutir à de poignants revers.
Puisque le fleuve a remonté sa source,
Bien bas, bien bas, modulez vos concerts !

Sur votre sort, petits ! c'est moi qui veille,
Si parmi vous j'en trouve d'évadés,

Si de vains bruits vous me rompez l'oreille,
Vous n'aurez plus de grain ni d'échaudés.
De votre gré vous rentrez dans mes cages,
Comptez sur moi, j'adoucirai vos fers.
Mais ventrebleu ! désormais soyez sages,
Plus bas, plus bas, modulez vos concerts !

Eh bien ! malgré ce paternel langage,
On dit qu'un jour cessant tous joyeux chants,
Plus d'un oiseau regretta dans la cage,
L'azur du ciel, la liberté des champs.
Petits ingrats ! ils maudissent peut-être
Qui les sauva d'un sinistre revers.
A leur nature il ne faut point de maître
On n'entend plus leurs chants ni leurs concerts.

Voici à quel propos le travail littéraire de Rouget lui a rapporté, devinez quoi ? une paire de bottes. Il était, un lundi soir, avec quelques camarades, dans un petit café de la rue des Barres, où ils fêtaient quelques bouteilles de mauvais vin.

Pendant ce temps, se présente à leurs yeux un gros garçon, jeune et pâle, jouant de l'orgue.

Il leur *tourna* l'air en vogue du *Mont Saint-Jean* et l'un des camarades entonna une chanson de Rouget.

Le jeune artiste s'y prêta de bonne grâce et l'accompagna avec beaucoup de complaisance.

La chanson finie, il s'approcha des jeunes gens et sa boîte de fer blanc à la main, il leur demanda, non pas de l'argent, mais la chanson qu'il venait d'accompagner sur son instrument.

— Parbleu ! s'écrie le chanteur en désignant Rouget, voici *le faiseur* qui vous en donnera tant que vous voudrez. Tenez, asseyez-vous, vous prendrez un verre de vin avec nous et je vais en chanter une autre.

Et se rapprochant de son voisin, il chantonna *le Tombeau de l'Empereur*, strophes dans lesquelles la perfide Albion était rudement maltraitée.

— Monsieur, dit le Savoyard, si vous voulez me céder vos chansons, je vous les paierai.

— Combien?

— Trois francs.

— Combien en voulez-vous?

— Donnez-m'en douze, à la condition que les deux que je viens d'entendre en feront partie.

— Douze, soit. Topez-là. Laissez-moi votre adresse, je vous les apporterai dimanche matin.

On trinqua de nouveau, et ils se séparèrent, l'un comptant sur le *Tombeau de l'Empereur*, pour gagner de l'argent, l'autre savourant par avance le plaisir d'entendre ses chansons sur un orgue de Barbarie.

Le lendemain, à huit heures, Rouget entrait dans un noir corridor, conduisant à un escalier plus sombre encore. Il monte en tâtonnant jusqu'au 6e étage, et là, stupéfait de la misère profonde qu'il voyait autour de lui, il frappe.

On lui ouvre; il entre dans un petit cabinet sans cheminée, et il voit dans un coin, sur une paillasse usée, une jeune femme qui allaitait un enfant de quelques jours. Là, point de linge, point de draps, point de meubles, et cette femme était belle sous ses haillons et au milieu de cette misère mille fois plus affreuse dans un âge où l'on sent la vergogne monter au front.

— Vous ne paraissez pas heureux, brave homme, dit Rouget quand il eut terminé du regard l'inventaire de la chambre.

— Ah! dam! monsieur, nous ne sommes pas riches, nous avons perdu le père de ma femme, dont la maladie nous a beaucoup coûté. Tout cela met en arrière, et du peu d'argent que je gagne nous nous entretenons et je paie mon orgue.

— Tenez, mon brave, voilà mes chansons, je vous les donne. Dieu veuille qu'elles vous fassent riche plus tard.

Rouget sortit le cœur navré, mais le jeune homme le suivit en criant :

— Je puis payer vos chansons, vous êtes ouvrier comme moi, souffrez au moins que nous partagions. Et tirant de sa poche trois pièces de six francs il les lui mit dans la main et ne voulut pas le quitter sans lui avoir fait prendre un *poisson* d'eau de vie.

O Lamartine! vous qui avez dit de si belles paroles pour déplorer les infortunes des grands de la terre, que ne versez-vous les flots de votre éloquence sur toutes les misères du pauvre peuple?

Notre chansonnier s'abîmait dans une mélancolique rêverie lorsqu'il en fut arraché par le babil indiscret d'un marchand bottier.

Il regarde les bottes en vitrine, il entre et en acheta une paire dont on lui demanda vingt-cinq francs et qu'on lui laissa pour dix-huit.

II.

Le tailleur de Nevers a fait mieux que des chansons, on connait de lui des odes, des élégies, des romances et divers genres de poésies légères. Les stances qui suivent, adressées à Durand le poète, menuisier de Fontainebleau, prouvent son talent.

Je viens de lire, ami, ton gracieux poème :
Jamais l'écho charmé des vallons de Tibur,
Répondant à la voix du poète qu'il aime
N'a repété de chant si pur.

Tout un jour j'ai vécu de ton œuvre magique,
Abandonnant mon âme au charme de tes vers;
Tout un jour j'ai rêvé, calme et mélancolique,
Au bruit de tes charmants concerts.

Oh ! que dans tes tableaux la nature est sublime !
De ta sainte forêt, peintre mélodieux,
As-tu dans les accès du transport qui t'anime,
Dérobé tes couleurs aux cieux?

Ton sort ne te plaît pas, et ta plume l'accuse,
O poète ! ô rêveur ! exempt d'ambition,
Libre dans ta boutique, ami, garde ta muse,
Vierge de l'adulation.

Ne vas point sur les grands porter un œil d'envie,
Favori d'Apollon, protégé des neuf sœurs,
Sans désir importun, laisse couler ta vie,
Comme un ruisseau parmi des fleurs.

Rempli du feu sacré qui toujours te consume,
N'imite pourtant pas ton maître Adam Billaut
Qui reprit, déjà vieux, abreuvé d'amertume,
Et la varlope et le rabot.

Que vous faut-il, à vous, harmonieux poètes,
Des ombrages, des fleurs, le murmure des eaux,
Et, pour porter au loin les chansons que vous faites,
La voix fidèle des échos.

Ami, garde l'état qui t'a toujours fait vivre,
Mais fidèle en ton âme au culte des neuf sœurs,
Tu pourras dans le monde abandonner un livre
A la critique des censeurs.

Quand ta muse t'appelle, alors saisis ta lyre,
Mais de l'art d'Apollon ne fais point un métier,
Et si tu dois, pour vivre, être obligé d'écrire,
Bien mieux vaut rester menuisier.

Le poète Durand n'a malheureusement pas suivi les conseils de Rouget. Il fut à Paris où ses succès littéraires ne reçurent aucune marque d'encouragement, et c'est là que le menuisier de Fontainebleau finit sa carrière. Nous ne saurions trop insister sur la gloire qui peut revenir aux ouvriers poètes en restant fidèles à leurs pays; c'est là qu'ils sont connus, qu'ils sont aimés et que de loin on accourt pour les visiter.

Les écrits de Rouget sont empreints de ce *républicanisme* épuré qui ne trouve d'admirateurs que chez ces hommes à l'âme forte, aux sentiments élevés, et qui ne craignent pas de montrer leurs actes.

Cependant, si purs que soient ses sentiments,

il ne les fait pas connaitre, car l'expérience lui a malheureusement trop démontré que dans ce siècle, pour ne pas être dupé, il faut savoir dissimuler.

LOUIS VOITELAIN

LE POÈTE TYPOGRAPHE.

LOUIS VOITELAIN

LE POËTE TYPOGRAPHE.

Il est un homme de raison et de cœur qui résume à nos yeux les éminentes qualités du peuple intelligent. Cet homme, c'est *Louis Voitelain*, le poëte typographe. La pauvreté vint l'entourer dès le berceau ; mais la pauvreté n'a pu dégrader sa belle âme ; elle resta toujours ce que Dieu l'avait faite, c'est-à-dire courageuse et puissante. L'enfance de Louis Voitelain se développa au milieu des douleurs et de la misère; les privations les plus austères lui devinrent familières; mais rien n'altéra son énergie.

Voici comment il raconte sa vie : il est quelquefois touchant d'entendre les récits de celui qui souffrit lui-même et dont la plume est encore assez ferme pour tracer des mots que peuvent, en même temps, effacer des larmes.

« Je suis né à Paris en 1798, de père et mère
» ouvriers, chargés d'une nombreuse famille;
» dixième convive d'une table déjà trop étroite,
» dès que je pus bégayer, je demandai du pain.
» Mon enfance ne fut pas plus heureuse que mon
» premier âge. A huit ans j'étais cloué au travail;
» à treize ans, j'étais orphelin, sans nulle ins-
» truction, et, pour ainsi dire, sans profession
» arrêtée. Mais si le sort avait jeté des entraves
» sur la route que j'avais à parcourir, Dieu m'a-
» vait donné la force de les surmonter : grâce à

» ma laborieuse résignation, si le printemps ne » fit pas éclore des fleurs sous mes pas, Cérès y » jeta quelques épis. Ce ne fut qu'à l'âge de 22 » ans. J'étais imprimeur lorsque le goût des » vers se réveilla en moi. Ayant été conduit par » un ami dans un petit aréopage poétique, mon » imagination s'enflamma, et, sans consulter » personne, je me mis à l'œuvre.

» Mon début ne fut pas brillant : ignorant les » premiers éléments de la langue française, igno- » rant les plus simples notions des règles de la » poésie, je fis rire à mes dépens. Je m'en aper- » çus ; je déchirai mes essais, et j'eusse indubi- » tablement renoncé à faire des rimes, si Emile » DEBREAUX, plus charitable que les autres, n'eût » relevé mon courage, en me disant qu'il ne me » manquait que l'étude pour affronter les puris- » tes plébéïens ; je l'écoutai. Ai-je bien fait ? C'est » un problème qu'il ne m'appartient pas de ré-

» soudre. Ce qu'il y a de certain, c'est qu'à partir de ce jour, dès que j'avais quitté le travail de l'atelier, je m'acharnais sur la grammaire et sur les livres qui traitent de la poésie française. Enfin, après plusieurs années d'application, sans avoir d'autre maître que moi, je composai quelques œuvres, qui, quoique empreintes de quelques taches, bravèrent, du moins, les mauvaises dispositions des railleurs. Un tel résultat n'a pas été obtenu sans peine; les veilles m'ont tellement fatigué, qu'à moins de quarante-sept ans, je ne peux plus exercer ma profession d'imprimeur. »

Que le lecteur commente lui-même cette lettre aussi simple qu'éloquente, qu'il admire cette touchante leçon donnée par l'humble ouvrier aux fils de toutes les familles; et que ceux-là puisent un nouveau courage et une nouvelle force dans les paroles de Louis Voitelain.

Au milieu de sa pauvreté, le poète typographe trouve assez de pain pour soutenir une famille de cinq enfants, et utilise les courts instants de ses veillées en dictant des strophes mâles et chaleureuses :

Voilez, voilez vos fronts de crêpes funéraires,
Fiers débris de nos camps dans le malheur vieillis !
Allez vous réchauffer aux rayons éphémères
Que va darder sur vous le soleil d'Austerlitz.

Ou, pour nous attendrir, il révèle à notre âme une élégie écrite avec des larmes et des sanglots. — *Cinq ans après !* C'est une jeune fille visitant tous les jours la croix noire et modeste qui s'élevait sur la dépouille d'une mère enlevée à son amour ; mais les morts ne logent que cinq ans dans la fosse banale, et, ce temps écoulé, la piété filiale a perdu ses droits, tout est arraché, tout est dispersé çà et là... Pauvre fille, il faut aller pleurer plus loin.

— A travers ces débris, où vas-tu jeune fille ?
Rose déjà flétrie au souffle des regrets,
Chercherais-tu quelqu'un dans la grande famille
Qui repose, étendue, à l'ombre des cyprès ?

Tu pleures... pauvre enfant ! une sœur, une amie,
Ou ta mère, plutôt, t'appelle en ce séjour.
Tu viens, vierge affligée, à sa cendre endormie,
Offrir avec des fleurs ton filial amour.

Mais ailleurs va parler à cette ombre si chère ;
Ici ta pitié trouverait un écueil :
Veuve des ossements qu'elle rongeait naguère,
Ici la terre avide attend un nouveau deuil.

Ici, tous les cinq ans, saules, cercueils et pierres
Arrachés, mutilés, sont jetés dans un coin ;
Ici, tous les cinq ans, l'ange des cimetières
Crie aux vieilles douleurs : « Allez pleurer plus loin ! »

Mais ce n'est pas ici que ton âme plaintive
Doit donner cours aux pleurs dans tes yeux amassés ;

Pour dater de longtemps ta douleur est trop vive.
— Oh! monsieur, c'est ici... les cinq ans sont passés;

Oui, monsieur, c'est ici... Le voilà bien cet arbre
Dont le feuillage épais abritait mes douleurs;
Et, de l'autre côté, ce monument de marbre
Dont l'ombre a tant de fois fait dépérir mes fleurs.

Pouvais-je me tromper?... Elle m'est trop connue
Sa place où, si souvent, ma gémissante voix
Implorait son appui... Qu'est-elle devenue?...
O mon Dieu! je la perds pour la seconde fois!

A qui donc désormais confier mes alarmes!
— Le miel de l'avenir calmera tes transports,
— Non, monsieur, mais, de grâce, apprenez à mes larmes
S'il n'est pas une loi qui protége les morts?

— La loi? que ferait-elle à tes plaintes amères?
La loi des riches seuls respecte les tombeaux.
— Ceux qui l'ont faite, hélas! n'avaient donc pas de mères?
— Si; mais avec de l'or ils scellent leurs caveaux.

— Moi, je n'avais pas d'or ; mais, malgré pluie et neige,
Ici durant cinq ans mon front s'est incliné.
Ah ! que je la maudis cette loi sacrilége !
Gazon, croix et linceul, elle a tout profané.

— Eh ! que n'étais-tu riche ? une loi bienveillante
Aux cendres de ta mère eût servi de rempart.
— Monsieur, éclairez-moi ; ces morts que l'on tourmente,
A moins qu'on ne les brûle, on les met quelque part ?

Oui ceux que, sans pitié, l'on arrache à leurs tombes,
Quand le terme prescrit pour eux vient d'expirer,
S'en vont peupler là-bas d'immenses catacombes.
— Ah ! dites-moi, monsieur, s'il est permis d'entrer ?

— Pour aller visiter ce palais des ténèbres,
Il faut être plusieurs. Seule, tu t'y perdrais ;
D'ailleurs, que verrais-tu sous ces voûtes funèbres ?...
Les morts sont confondus. — Ah ! du moins, je prirais.

— Trop vertueuse enfant, n'y vas pas, je t'en prie ;
Devant tant de débris, tu mourrais de terreur.

— Quand on a vu s'éteindre une mère chérie,
Le trépas peut venir : il ne fait plus horreur.

— Quoi! tu voudrais mourir, à peine à ton aurore?
Tiens, vois cet arbrisseau par l'orage abattu :
Pour revoir le soleil il se redresse encore ;
Enfant, le désespoir n'est pas de la vertu.

— Eh bien! je n'irai pas ; j'en aurai le courage ;
Je vivrai pour gémir. Mais comme ils sont heureux
Ces riches qui, là-bas, reposent sous l'ombrage!
Que de fleurs les enfants viendront jeter sur eux!

— Va! cesse d'envier ces pompeuses colonnes
Et ce marbre muet, à moitié dépoli :
Là, jamais de soupirs ni de fraiches couronnes ;
Là, sous la main du Temps, tout pourrit dans l'oubli.

C'est que de leurs soupirs les riches sont avares ;
Puis, ces lieux sont fiévreux pour qui craint le trépas.
Toi, tu ne comprends point que les larmes soient rares!
— Ni des tombeaux si chers, puisqu'ils n'y viennent pas.

— Ils y viennent d'abord pour en voir la structure ;
Mais non pour exprimer des regrets superflus.
Et dès que leur orgueil a bien pris sa pâture ,
Ils s'en vont, et parfois n'y reviennent plus.

— Oh ! quels cœurs ont-ils donc ?—Aux africains rivages
J'ai lu qu'à ses aïeux on offrait de l'encens ;
— Cette piété-là convient à des sauvages ;
Mais, chez nous, la douleur ne doit avoir qu'un temps.

— Ah ! vous m'avez dit vrai , ce monument superbe ,
Dont l'ombre tant de fois fut fatale à mes fleurs ,
Malgré tout son éclat , ne vaut pas un peu d'herbe
Que la reconnaissance arrose de ses pleurs.

Riches, dormez en paix...Ah ! que m'offrent vos tombes?
Un temple fastueux , et personne à l'autel.
Vous n'en irez pas moins un jour aux catacombes ;
Le temps déplace tout ; Dieu seul est éternel.

— Oui , oui , pieuse enfant, hormis Dieu tout est fange ,
N'implore plus ici l'objet de ton amour.

Lève, lève les yeux, va ! la mère d'un ange
Pourrait-elle être ailleurs qu'au bienheureux séjour !

— Merci, merci, monsieur ; dans mon âme brisée,
Vous venez de jeter un rayonnant espoir ;
Oui, ma mère est-là haut... Mais serais-je abusée ?
Dans ce nuage d'or je crois l'apercevoir !....

. . . .
. . . .
. . . .
. . . .

Salut ! mère, salut !... Le nuage l'emporte....
Elle me souriait, elle m'ouvrait ses bras,
Mais je sais où la joindre ! A la céleste porte,
Bonne mère, attends-moi, bientôt tu m'y verras.

La poésie de Louis Voitelain, c'est la souffrance et la résignation, c'est la douleur épanouie en rêvant à l'espérance. Il voit dans le règne de

Dieu un bonheur plus vrai que les bonheurs terrestres, et la foi et la raison lui font dire :

Ouvrez-vous donc à moi, royaume du Seigneur,
La vie est avec vous... et voilà le bonheur !

CHARLES PONCY.

CHARLES PONCY.

I.

Poncy est un nom que *l'intelligence* a tiré par l'oreille de la plèbe crédule, enthousiaste et sublime. Poncy est un nom qui trouve un écho dans le cœur de tout homme qui, par son travail, ses goûts ou ses affections, vit sur les bords de la Méditerranée.

Le chantier est ouvert, entrons.

Un palais aussi vaste que le Louvre va être

terminé ; maçons, charpentiers, serruriers, vitriers, en un mot tous les corps d'état nécessaires à l'achèvement d'un palais, se pressent, se croisent, s'entrechoquent, et tout cela pour planter à l'heure de midi un rameau sur la toiture.

— Dis-moi, Bordelais, auras-tu bientôt fini ?

— Dans deux minutes c'est terminé, le temps de bourrer une pipe.

— Tron-dè lèr, y a ti longtemps que nous y travaillons à ce palais; va-t-il être content *notre diable*, avec ses cheminées.

— Si tu ne veux pas te faire *garcer* ze t'engaze à modérer ton dire, car *notre diable* il a la tête dure. Tu peux m'en croire, c'est moi que ze te le dis.

— Bravo ! Toulonnais, s'écria un plâtrier placé à quelques pas de nos causeurs. Poncy est notre ami ; il y a des honneurs qui gênent, des charges qui accablent ; mais les honneurs que nous rendons aux camarades dont nous sommes fiers feraient crever de vanité le pacha de Constantinople.

— Poncy ! Poncy ! crièrent à tue-tête des ouvriers parvenus au faîte de l'édifice.

Deux secondes après on vit un jeune homme suspendu à une hauteur de vingt mètres et se hissant par une corde à nœuds aussi légèrement qu'aurait pu le faire le mousse le plus exercé. Arrivé à la toiture, il fut accueilli par un long hourra de joie et des bras vigoureux l'enlevèrent dans le cercle que les maçons avaient formé à la venue de leur compagnon. Ce camarade si choyé, c'était Poncy.

Vivat ! cria le maçon le plus âgé ! vivat ! Poncy. Nous allons fêter en ton honneur l'heureux achèvement de ce palais.

Avant que le maçon ait pu ouvrir la bouche, il fut placé sur deux robustes épaules et porté processionnellement sur la toiture.

Les cris mille fois répétés de vive Poncy! allèrent troubler le repos de l'entrepreneur en chef dont la maison était à côté.

La petite troupe monta sur le belvédère où l'on planta le rameau et chacun gambada de son mieux autour de ce trophée.

— Assez, mes amis! ne nous fatiguons point inutilement, le soleil de demain ne nous verrait pas à l'ouvrage.

— Eh bien! chantons, dit une voix.

— Oui, la chanson du maçon!

— Oui! oui! la chanson, crièrent toutes les voix.

Poncy, le front serein au milieu de ces têtes volcanisées, ressemblait à Neptune voulant calmer les flots. Le vent s'engouffrait dans ses cheveux. Son teint, ordinairement coloré, devint blême de plaisir et ses yeux s'illuminèrent du feu de son génie. Le rameau fut enlevé et le poète chanta :

Narguant chez lui le démon du vertige (1)
Aux toits déjà nous voici parvenus;
Comme des fleurs il caresse la tige,
Le vent du ciel, là, laisse nos fronts nus.
Exhalons-y nos chansons fraternelles
Comme la brise et comme les oiseaux.
Dieu pour construire a donné les truelles
Aux mêmes bras qui tiennent les marteaux.

Frères, ici, notre œuvre est terminée,
Portons ailleurs nos bras et nos outils,
Et soyons fiers de notre destinée
Qui nous rend chers aux grands comme aux petits.
A notre état restons, restons fidèles,
De lui, pour tous, naissent les grands travaux.
Dieu pour construire a donné les truelles
Aux mêmes bras qui tiennent les marteaux.

---

(1) Nous renvoyons nos lecteurs à la *chanson de chaque métier*.

A peine avaient-ils achevé leur dernier refrain, qu'on vit arriver un enfant, disant que l'entrepreneur, jaloux des honneurs qu'on rendait à l'ouvrier maçon, défendait à l'avenir de semblables manifestations.

Une rumeur sourde circula dans le groupe, et une voix cria :

— Si l'entrepreneur n'est pas content, nous l'enverrons promener.

Des bravos unanimes couvrirent cette sortie, et sur l'invitation de leur camarade, chacun alla silencieusement se remettre à l'ouvrage.

Voilà le maçon aimé de ses camarades, envié par les supérieurs, l'égal de tous par le cœur et par sa modestie, trouvant, quand besoin est, un cœur pour ouvrir son cœur, cent bouches pour prôner tour à tour son génie et sa confraternité.

II.

Poncy, cet aimable ouvrier-poète, naquit à Toulon le 2 avril 1821. Issu de parents pauvres, il eut comme tous les enfants de sa condition une enfance virile. Ses heures se passaient entre les amusements de la rue et la vie des champs.

Je sentis à sept ans mon enfance s'éprendre
Du bonheur de savoir, de connaître et d'apprendre;
Je n'avais pas poussé toutes mes dents de lait,
Que des Ignorantins captivant l'auditoire
Je récitais par cœur leur humble répertoire
Aussi bien que le chapelet.

Son père le menait souvent au bord de la mer et la physionomie de l'enfant reflétait les émotions que lui faisaient éprouver ce spectacle grandiose.

— Papa, regarde l'eau qui s'enfonce, qui

remonte pour s'enfoncer encore. Veux-tu que nous allions promener sur l'eau ?

Et le père, pour toute réponse, montrait un amas de pierres à son fils.

— Quand tu sauras placer symétriquement une pierre sur l'autre, alors je te le permettrai.

A neuf ans, la tête chargée de tuiles, Poncy montait les degrés d'une longue échelle pour servir les maçons. Les durs travaux, les fatigues, les épithètes grossières débitées par les virtuoses manœuvres lui apprirent ce que contient de vil et d'abject une misérable condition.

A douze ans, on conseilla au père de Poncy de faire aller son fils à l'Ecole Mutuelle ; il y resta un mois. De nouveaux conseils donnés au père, le firent entrer à l'Ecole communale supérieure. Mais le chômage se faisait sentir, les parents gagnaient peu.... l'intérêt général comprima l'intérêt particulier de l'enfant. Il revint au plâtre. Alors commença sérieusement cette vie de travail, de privations et de veilles, qui ébranla un instant le courage du jeune Charles. Il avait soif d'apprendre.

J'apaisai cette soif à force de lecture,
Les Romans de Ducray, veufs de leur couverture,
Un Molière en lambeaux, un Racine tronqué,
M'ouvrirent tour à tour l'horizon poétique,
Et je fus plus d'un an la meilleure pratique
Des bouquinistes du quai.

Repoussant le sommeil qu'aime tant le jeune âge,
Je dérobais le soir la lampe du ménage
Pour lire jusqu'à l'heure où la nuit s'achevait.
Ma mère, sainte femme, au tombeau descendue,
Souvent à pas de loup, l'haleine suspendue,
Venait l'éteindre à mon chevet.

Un jour Poncy bâillait devant l'étalage d'un libraire et dévorait du regard un bataillon d'inoctavos. Ne trouvant pas un sou dans sa poche, il se prit à lire un prospectus nouveau :

C'était le *Magasin Pittoresque :* heureux titre,
De gravures sans nombre embellissant la vitre,
A deux sous par dimanche aux souscripteurs donné
J'avais juste deux sous d'étrennes par semaine,
Mais je n'hésitai pas, et dans ce beau domaine
J'entrai sur l'heure en abonné.

Le *Magasin Pittoresque* fut le Messie longtemps désiré de Poncy. Là, il trouvait tout, lui qui voulait tout savoir !

III.

Charles devint amoureux.

La Providence plaça sur son chemin une jeune fille blonde comme un rayon de soleil. Le velouté de ses yeux, la blancheur de ses dents, le rosé de ses joues, l'embarras qui naissait de la présence de ces deux âmes, tout cela fit plus de mal à Poncy que ne lui en avaient causé ses fatigues et ses veilles.

Et pourtant dans ces cœurs circulait une même vie, un même désir, un même espoir.

Désirée était le nom de cette belle enfant que Poncy avait vu naître et qu'il devait bientôt unir à sa destinée.

Le travail de la journée absorbait les moments où les deux amants auraient pu se voir. Mais lorsque le crépuscule avait jeté sur la ville son voile de crêpe, lorsque la rade s'argentait dans les premiers rayons d'une lune naissante, les deux amants descendaient dans un bateau et allaient au loin mêler leurs paroles d'amour au bruit harmonieux des vagues.

Voyez-les ! Désirée, assise à la proue du bateau, contemple avec bonheur un jeune homme à genoux devant elle et chantant sa barcarole :

Glisse, glisse furtive
Le long de cette rive
Où tout s'endort,
Telle qu'une hirondelle
Ma coquette nacelle
Rase le bord.

Oh ! quelle peur charmante
Agitait mon amante
Lorsque la voix
Du vent qui tend l'écoute
Disait je vous écoute
Et je vous vois.

Puis enlaçant sa belle maîtresse il lui dit en la couvrant de baisers :

Jamais la jalousie
Au cœur ne l'a saisie,
Elle a ma foi,
Elle sait ma nacelle
Que je lui suis fidèle
Autant qu'à toi.

La promenade est terminée, le couvre-feu vient de sonner, il faut rentrer. On s'embrasse, on se quitte à regret, et le lendemain soir on vient par de nouveaux serments cimenter (1).

Le père Poncy, malade depuis long-temps, reçut la visite d'un ami, M. Ortolan.

Celui-ci, après avoir examiné la langue du malade, demande une feuille de papier pour transcrire l'ordonnance. La mère donne à M. Ortolan un chiffon de papier trouvé la veille sur la table de son fils.

Le docteur l'examine et lit les quatre vers écrits au verso :

Je lus un jour Byron. Son colossal génie
M'effraya, moi, poète infécond et rêveur ;
Pendant trois longues nuits, la fièvre et l'insomnie
Comme un noir cauchemar pesèrent sur mon cœur.

— Mère, est-ce ton fils qui a écrit cela ?

---

(1) Ceux qu'on a faits la veille.

— Lui-même, docteur, s'écrie Poncy, du seuil de la porte où il venait d'entendre la lecture de ses vers. Et ayant appris votre arrivée, j'ai recueilli tout ce que j'ai fait pour que vous m'éclairiez de vos conseils.

— Je te promets de m'occuper de toi.

Trois mois après paraissaient sous le titre de *Marines*, les premiers essais poétiques de Poncy. Six mois plus tard, un nouveau volume, *le Chantier*, vint élargir le cadre de renommée que lui faisaient ses camarades, les maçons.

Appelé à Paris par tout ce que la littérature a de grand, d'illustre, Poncy fit son entrée dans la capitale du monde, le cœur ivre de joie. Parfois quelques éblouissements lui faisaient regretter de n'être pas né sous un ciel meilleur, de n'avoir pas eu pour père une de nos illustrations. Dans ces moments son cœur rendait le sang par flots *caillotés*, ses yeux avaient le vertige et son âme flottait au gré de son imagination si féconde et si brillante.

Une avalanche de félicitations vinrent assiéger l'ouvrier maçon. On le sommait, au nom de la littérature, de quitter la truelle pour la plume. Il balança huit jours entiers ; mais lorsqu il vit le peuple de Toulon le proclamer son poète, il n'hésita plus.

A mes doubles travaux je veux rester fidèle,
Et bien des fois encore au bruit de la truelle,
Dans nos bruyants chantiers à tous les vents ouverts,
Je mêlerai le bruit harmonieux des vers !

Voilà le poète dans ses intimités de famille et de cœur Surpassant nos célébrités du second ordre dans le genre descriptif, il les égale dans ses nombreuses créations. George Sand n'a pas craint d'émousser sa plume en son honneur ; Arago, de l'honorer de ses conseils ; et Villemain, de lui prouver par deux fois qu'il suffit, pour être rangé au nombre de ses amis, d'avoir une belle âme et quelque espérance de talent.

Poncy n'est plus maçon. Les Toulonnais, fiers de leur compatriote, l'ont nommé secrétaire de la chambre de commerce. Il habite un petit appartement situé rue du Puy, n° 7.

Il est à craindre pour les lettres, que sa nouvelle charge n'endorme le talent poétique du maçon.

AUGUSTE ABADIE

LE RELIEUR DE TOULOUSE.

2.

AUGUSTE ABADIE,

LE RELIEUR DE TOULOUSE.[1]

Si nous avions à écrire la vie du troubadour Roger passant ses journées à écrire et ses nuits à chanter sous les balcons des châtelaines, nous ferions précéder notre travail d'une jolie vignette que presserait amoureusement un luth harmonieux. Les fleurs de rhétorique abonderaient dans les pages destinées à relever un nom cher à tout ménestrel et peut-être pour la peine, Clémence-Isaure elle-même viendrait s'asseoir mystérieusement au chevet de notre lit, et nous dire : « Je sçay, gentil chroniqueur, que vous avez bonne souvenance ; aussi viens-je vous octroyer ce lys que garderez en mémoire d'icelui. »

Mais laissons le moyen-âge avec ses légendes fantasques ou terribles et ne nous occupons, ici, que d'un charmant poète, relieur et compatriote ; double titre qui lui assure par avance toutes nos sympathies.

Auguste Abadie, bien jeune encore, a choisi les muses pour sœurs. La poésie avec ses ailes blanches est descendue en lui comme un bienfait et son cœur l'a reçue avec cet empressement, cet enthousiasme, qui caractérise les enfants de notre cité, et les héritiers de Clémence-Isaure.

Toulouse fut sa patrie, et comme il le dit lui-même dans sa villanelle écrite à la manière de Passerat :

> Toulouse aura ma villanelle,
> C'est mon pays, pays à moi ;

A lui serai toujours fidèle.
A sa patrie est-on rebelle?
Non je ne crois — avec ma foi
Toulouse aura ma villanelle.

Que mon pays se renouvelle
Ou reste ainsi que je le voi
A lui serai toujours fidèle.
C'était jadis la citadelle
Aux vieilles tours pleines d'effroi
Toulouse aura ma villanelle.

On y fêta Mars et Cybèle,
Dans ce pays vint plus d'un roi :
A lui serai toujours fidèle.
De la vertu c'est le modèle
Et je redis de bon aloi :
Toulouse aura ma villanelle
A lui serai toujours fidèle.

La vie d'Auguste Abadie se trouve écrite dans ses œuvres, ou pour mieux dire, elle se réflète dans ses vers.

Et moi si faible encor, que vais-je devenir
Si votre bras, Seigneur, ne vient me soutenir.
Je n'ai pas la ferveur des saints anachorètes
Ni comme ces reclus, l'amour pour les retraites.
A peine ai-je gardé les sentiments pieux
Que m'avaient inspirés de bons religieux
Lorsque enfant, tout petit, j'allais dans les écoles
Apprenant vos récits et vos sages paroles.

La jeunesse du relieur-poète se passa chez de bons religieux comme il veut bien les appeler et c'est là qu'il puisa les sentiments chrétiens qui l'ont inspiré dans ses écrits. Ses premières études achevées, il était comme beaucoup de jeunes gens sans expérience et sans goût très-prononcé pour tout ce qui peut rendre fertile une imagination sur laquelle on avait jeté un levain si généreux.

Il avait seize ans lorsque ses parents arrêtèrent le cours de ses études pour lui apprendre l'état paternel qui se maintient dans leur famille depuis des siècles. Ce moment fut sensible pour Auguste.

Un des *bons religieux* qui, la dernière année de ses études, l'avait enseigné avec une ardeur qui trouve rarement d'exemples, lui remit une petite image derrière laquelle se trouvait ce passage de la Bible :

« Un jour passé dans votre maison vaut mieux que » mille passés sous la tente du pécheur. »

Cette réflexion, quelquefois méditée, a dû contribuer aux idées religieuses qui dominent les écrits d'Auguste Abadie, et donna à l'ensemble de ses actes cette tendance religieuse que chacun de ses amis lui connaît.

Un jour, occupé dans l'atelier de son père, il lui prit fantaisie d'ouvrir un livre qui se trouvait devant lui, et auquel sans doute il travaillait.

C'était un livre de poésies de Louis Dureau ; ces vers, ce rythme, cette harmonie, réveillèrent dans son âme un sentiment poétique qui se développa de jour en jour.

Il connaissait Louis Dureau, et la familiarité qui existait entr'eux lui fit dire : Puisque ce monsieur fait des vers, pourquoi n'en ferais-je pas aussi ?

Il écrivit d'inspiration une petite pièce de vers qu'il montra le lendemain à un professeur de littérature.

— Mon ami, lui dit son professeur, si vous ne voulez pas bâtir sur le sable, il faut faire vos classes.

— Qu'appelez-vous faire mes classes? demande le jeune homme étonné de ne pas comprendre.

— Je veux dire qu'il vous faut apprendre le latin jusqu'à ce que vous puissiez traduire un auteur à livre ouvert. Venez me voir demain et je me charge de refaire votre instruction.

Auguste, sans autre réflexion que celle de son amour pour la littérature, se procura une grammaire latine et le lendemain il recevait sa première leçon. En peu de temps, il put expliquer nos premiers classiques ; une chose rendit tout progrès impossible.

Le latin le privait d'écrire en français et lui faisait presque oublier sa propre langue.

Il s'avisa d'apporter à son professeur, au lieu de thèmes ou de versions, une charmante pièce de vers qui plut infiniment au maitre ; et, s'entrainant l'un par l'autre, ils écrivirent des vers français.

Depuis ce jour, la poésie devint l'unique élément d'Auguste. Il adressait ses vers à l'ange de ses pensées, à celle dont il ignorait encore le nom, mais que son âme invoquait.

Plus tard, il parut à Toulouse un petit journal, *le Lutin*, qui recueillit dans ses colonnes ses premières productions. 3

Les félicitations envahirent l'atelier du relieur ; alors seulement, encouragé par tant de voix amies, il publia un fort joli volume in-8°, imprimé sur vélin, et qu'un catalogue de livres précieux signalait naguère à la curiosité des amateurs.

Ce volume est comme tous ceux des poètes dont la renommée est encore à son aurore. C'est l'écho des sentiments d'un cœur à vingt ans ! c'est l'âme qui soupire et demande à chanter.

II.

Auguste est aujourd'hui dans sa vingt-quatrième année. C'est le plus jeune des ouvriers-poètes ; c'est aussi celui dans l'avenir duquel nous espérons le plus.

Il est uni à celle qui recevait l'hommage de

son cœur et à laquelle il disait dans les beaux soirs de ses amours :

Enfant, vois comme ton œil brille
Et me lance un regard de feu !

Et le poète répondait encore :

C'est ton amour, ô jeune fille,
Qui sourit à mon tendre aveu.

Et plus loin :

Je t'ai vue, un jour, sous les branches
De l'arbre aux virginales fleurs
Effeuillant les coroles blanches
Qui l'embaumaient de leurs odeurs.

Ces fleurs deviennent ton symbole
Et l'oranger fleurit pour toi;
Son doux parfum qui me console,
C'est ton souffle qui passe en moi.

La vertu la plus farouche succomberait sous le poids de ces flatteries

Les œuvres nouvelles de M. Abadie viennent d'être publiées à Bruxelles, par M. Tarride. Elles font partie d'une fort jolie collection où figurent Hugo, Béranger, Chénier, Th. Gauthier, Musset, Jules de Resseguier, Lamartine, Delavigne, Barthélemy ; en un mot, tout ce que la littérature du dix-neuvième siècle renferme de coquet, de beau, de spirituel.

Ce nouveau volume a pour titre : *les Régions du Ciel*. Il se divise en quatre livres.

Le premier livre commence par une pièce de vers intitulée : *les Bienfaits*.

Pourquoi ne suis-je né comme ceux dont la vie
En vous louant, Seigneur, est sans cesse ravie ?
Ah ! que n'ai-je reçu plus de foi, plus d'amour,
Pour chanter vos bienfaits à chaque instant du jour !

. . . .

Et le poète déroule un à un les bienfaits qui nous viennent d'en haut.

Plus loin il jette *ses foudres* sur les adultères, les homicides, les voleurs, etc.

Les crimes sur vos fronts paraissent en grand nombre,
On les voit aux reflets que projette votre ombre,
Et l'on n'a pas besoin de lire dans vos yeux
Pour voir si vos forfaits ont outragé les cieux.

Il se pose en prophète lorsque, pris d'une sainte colère, il leur crie :

Des fleuves de malheur pèseront sur vos têtes,
Et Dieu même en ce monde ira troubler vos fêtes;
Il vous écrasera de son bras éternel,
Il vous abreuvera d'amertume et de fiel.
Et le pain quotidien que sa bonté vous donne
Sera diminué de moitié par personne;
Les ceps de vos côteaux n'auront plus de raisins
Et l'eau remplacera les liqueurs et les vins.
Si vous faites le mal, vos champs seront arides,
Les épis du froment seront légers et vides,
Et l'orsqu'arrivera le temps de la moisson,
Vous direz : le poète a quelquefois raison.

Poëte, c'est trop peu : dites donc le prophète ! Malheureusement pour le genre humain, M. Abadie commence par avoir raison. La famine, la peste, la guerre, peuvent bien être le châtiment de quelque grand crime social que nous ignorons. Dieu seul sait ce qui adviendra.

Après un long chemin dans le martyrologe le poète décrit les régions du ciel :

. . . .

Et ce palais ressemble aux contours d'une église
Dont l'abside élégante en neuf chœurs se divise.
Au premier rang on voit les pieux séraphins
Qui laissent déborder leurs cantiques divins ;
Et sous leurs ailes d'or, dont le prisme s'irise,
Ils inclinent leur front et joignent leurs deux mains.

Au premier chœur sont les séraphins et tous ceux qui furent remplis de charité et ornés de perfection durant leur vie comme les apôtres et les martyrs :

Ces apôtres du Christ, ces hommes courageux
Dont la voix s'élevait comme un orgue sonore
Et, ramenant la paix, abaissait les faux dieux.

Au second chœur sont les chérubins, Marie, les docteurs de l'Eglise et les prédicateurs.

Le poète dit en parlant de Marie :

Elle est comme un foyer éblouissant de flamme,
Plus beau que le soleil brillant sur l'univers,
Sa blancheur obscurcit la neige des hivers,
Et du ciel qui l'admire elle est la grande dame.

. . . .

Ceux qu'un même rayon colore et sanctifie
Et qui près de Marie ont le même destin,
Et l'admirent de près le soir et le matin,
Sont les graves docteurs auxquels Dieu se confie,
Dont la chaste prudence encor nous édifie
Comme étaient les Ambroise et les Thomas d'Aquin.

Au troisième chœur sont les Trônes et ceux qui ont méprisé le monde comme les saints religieux.

Ce chœur, béni parmi les chœurs célestes, ressemble à un superbe palais dont l'architecte aurait doré les voûtes. Ses piliers, ses arceaux, ses dentelures mauresques, ses voûtes dont l'émail reluit comme l'aurore, ses dômes nombreux que l'œil voit décroître, le font ressembler à ces palais aériens que les poètes seuls peuvent décrire. Et dans ces murs, percés de fines découpures, on aperçoit des religieux priant et redisant un verset du psautier ; car,

Dans le troisième ciel nul amour ne s'altère,
Il déborde, il jaillit comme un volcan en feu ;
C'est l'hymne qui redit Gloire à Dieu ! gloire à Dieu !
C'est un nouvel écho des chants du monastère,
Plus suave et plus pur, plus tendre et moins austère
Que celui qui vibrait dans l'arche du saint lieu.

A côté d'eux on voit ces anges de la terre, ces vierges du couvent, ces nobles religieuses, ces vierges à l'œil pur, belles comme une étoile au milieu d'un nuage et dont l'hymne sacrée s'échappe de leur bouche comme un parfum céleste.

Il serait trop long d'énumérer les beautés que renferment les chœurs suivants. Nous nous bornerons à dire que dans le quatrième chœur, sont les Dominations et les prélats ; dans le cinquième, les Principautés avec les rois et les princes qui ont saintement gouverné leurs états : dans le sixième, les Puissances et les vierges qui ont vaincu le monde ; dans le septième, les Vertus et les prêtres de l'Eglise ; dans le huitième, les Archanges et les pieux dévôts qui ont observé les œuvres de miséricorde ; et dans le dernier, se trouvent les Anges et les petits enfants.

Beaux anges, entonnez un céleste cantique,
J'aime les harpes d'or résonnant sous vos doigts,

J'aime les doux concerts où se mêlent vos voix,
J'aime de vos accords la suave musique,
Où l'air toujours nouveau se mêle à l'air antique,
Et vos chants immortels qui vibrent à la fois.

Le succès de ce petit livre, gros d'excellentes choses, n'a pas fait tourner la tête à son auteur. Il ne s'illusionne pas sur son talent, et lorsque ses amis lui demandent une pièce de vers, il leur répond :

— Je ne suis pas fabricant de vers. J'écris d'inspiration et jamais de commande. En pareille matière, je réponds comme Montaigne : *Je ne sçay.*

Son atelier est le rendez-vous quotidien des littérateurs de Toulouse.

Il continue à relier avec un soin parfait les ouvrages qu'on lui confie, s'en remettant, pour tout ce qui est gloire, à ses lecteurs, à ses amis.

BIBLIOGRAPHIE.

Roses et Dahlias, grand in-8° sur papier cavalier vélin, tiré à cent exemplaires. Ouvrage rare et recherché par les bibliophiles.

Les Régions du ciel, grand in-32, imprimé à Bruxelles par Vanbuggenhoudt; édité par Tarride, 1856.

REINE GARDE.

REINE GARDE,

COUTURIÈRE A AIX.

I.

Je m'étais endormi.

Mon imagination, sur l'aile du génie des songes, fut transportée dans un vaste jardin où croissaient à l'envi et sans culture des arbres et des fleurs.

L'haleine de Zéphire glissait sous les feuilles sans les agiter. L'atmosphère était chaude et la paix de ce lieu donnait à mon âme de voluptueuses sensations.

Au milieu de ce silence champêtre, je crus ouïr une voix de femme; et cette voix disait:

Modestes fleurettes,
Délice des bois!
Sachez que vous êtes
Les fleurs de mon choix.

Pervenche, églantine,
Bruyère, genêt,
De l'humble colline
Dorez le sommet.

Reparaissez vite
Trèfle, bouton d'or,
Bleuet, marguerite,
Des prés, le trésor!

Sur vos fronts encore
Je languis de voir
Les pleurs de l'aurore,
Les larmes du soir.

La voix se rapprochant peu à peu, je m'avançai ; je poussai un cri d'étonnement en reconnaissant dans cette jeune fille la couturière d'Aix.

II.

Reine Garde ne doit rien à l'éducation. — Fruit désavoué d'un amour malheureux, abandonnée par ses parents dès sa naissance, elle ne connut jamais son père et ne revit sa mère que pour la perdre bientôt après. Elle avait huit ans à peine pour sentir et pleurer son malheur. Elle pleura beaucoup moins qu'elle ne l'a fait depuis, car elle ne comprenait pas toute l'étendue de la perte qu'elle venait de faire. Mais la divine Providence veilla sur la jeune orpheline.

Elle alla trouver Madame de *** qui l'accueillit avec une bienveillance touchante. Elle grandit avec les filles de Madame de ***, entendant quelquefois les leçons qu'elles recevaient et s'essayant à écrire avec leurs plumes. Et, lorsqu'elles sortaient l'hiver, belles et parées pour le bal, l'humble fille assise au coin du feu, feuilletait, en attendant leur retour, les livres qu'elles voulaient bien lui prêter pour l'amuser, disaient-elles, pendant qu'elles danseraient ; elle lisait, avec passion, des nuits entières, ne comprenant pas toujours et se faisant expliquer le lendemain ce qu'elle n'avait pas compris la veille.

Il en résulta pour Reine Garde un singulier mélange de culture et d'ignorance, de développement intellectuel et d'inexpérience grammaticale; et à cette heure même, l'ouvrière-poète qui pense si haut et si bien, qui sent si vivement et si juste, n'a pu réparer complètement les lacunes d'un enseignement qui ne s'adressait pas à elle et dont elle ne saisissait que quelques parcelles à la hâte et comme à la dérobée.

Un soir, les jeunes filles laissèrent sur la table un volume de M. de Lamartine. C'était *Jocelyn*. Cette épopée intime fit tressaillir Reine Garde dans tout son être. Elle aima, elle rêva, elle pleura, elle se sentit poète aussi. Naturellement rêveuse et mélancolique, elle se laissait bercer par la douce cadence d'un rythme toujours parfait. Elle ne tarda guère à faire des vers, mais discrètement, en faisant aller le fil et l'aiguille et transcrivant le soir les strophes qu'elle avait faites pendant le jour.

Madame de *** venait de mourir. Reine Garde, après avoir résidé cinq ans à Nîmes, chez Madame Puget, revint se fixer à Aix. Elle loua dans une rue écartée une petite chambre avec une boutique au-dessous et se fit à la fois mercière et couturière. Elle vivait là petitement, gagnant son pain avec son aiguille et vendant quelques menus objets de mercerie aux gens de son quartier.

En 1846, M. de Lamartine se rendant à *Smyrne* s'arrêta à Marseille. Reine Garde, qui l'apprit, ne put résister au désir de le voir. Elle partit en secret, arriva à Marseille lorsqu'on la croyait à Aix, et se dirigea vers la maison où était descendu son poète de prédilection.

Voici comment M. de Lamartine raconte cette entrevue dans la préface de *Geneviève* :

« Un dimanche, au retour d'une longue course en mer avec Madame de Lamartine, on nous dit qu'une femme d'un extérieur modeste et embarrassé, était arrivée par la diligence d'Aix à Marseille, et qu'elle nous attendait dans une petite serre d'orangers qui faisait suite au salon de la villa sur le jardin. Je laissai Madame de Lamartine et j'entrai dans l'orangerie pour recevoir cette pauvre étrangère. Je vis en entrant sous l'orangerie une femme jeune encore d'environ trente ou quarante ans Elle était vêtue en journalière d'un peu d'aisance ou de peu de luxe ; une robe d'indienne rayée, déteinte et fanée ; un fichu de coton blanc sur le cou ; ses cheveux noirs proprement lissés, mais un peu poudrés, comme ses souliers, de la poudre de route en été.

L'émotion se lisait sur son visage qui se couvrit d'une subite rougeur. C'était une expression de timidité mêlée de confiance dans l'indulgence d'autrui, émanant de l'abandon de sa propre nature ; en tout l'image de la bonté qu'elle porte dans son attitude comme dans son cœur et qu'elle espère trouver dans les autres.

Elle tira de sa poche trois ou quatre petites pièces de vers alignés sur du gros papier et froissés par son étui, son dé et ses ciseaux dans le voyage. Je les lus tout bas ; je fus étonné de ce que je lisais. C'était naïf, c'était gracieux, c'était senti ; c'était la palpitation tranquille du cœur, devenue harmonie dans l'oreille ; cela ressemblait à son visage modeste, pieux, tendre et doux ; vraie poésie de femme dont l'âme cherche à tâtons sur les cordes les plus suaves d'un instrument qu'elle ignore, l'expression de ses sentiments. Cela n'était ni déchirant, ni métallique, comme les vers de Reboul ; ni épique ni étincelant tour à tour de paillettes et de larmes comme Jasmin ; ni mignardé comme les strophes de quelques jeunes filles, prodiges gâtés en germe par l'imitation; c'était elle; c'était l'air monotone et plaintif qu'une pauvre ouvrière se chante à demi-voix à elle-même, en travaillant des doigts, auprès de sa fenêtre, pour s'encourager à l'aiguille et au fil. Il y avait des notes qui pinçaient le cœur et d'autres qui ne disaient que des airs vagues et inarticulés. L'haleine s'arrêtait à la moitié de l'aspiration, mais l'aspiration était forte, juste, pénétrante. On était plus ému encore qu'étonné. C'était la poésie à l'état de premier instinct, la poésie populaire telle qu'elle est partout où elle commence, dans le peuple même, quand on ne lui prête pas encore la voix de l'art. »

Cette longue lettre dit mieux que nous ne saurions le faire, ce que sont les poésies de Reine Garde. Nos lecteurs nous sauront gré de les renvoyer aux *Essais poétiques*, édités à Paris, chez Lenormand, en 1851; ils se convaincront que cette poésie naturelle, instinctive, s'écoute et se lit avec délices parce qu'elle est pleine de grace, de naïveté et d'harmonie, et qu'elle repose l'âme fatiguée de soucis, de travaux et de plaisirs.

Respectueusement et presque genou en terre, nous demandons pardon à Reine Garde d'avoir, par paresse seulement, pris nos meilleurs passages dans la préface de sa nouvelle édition et qu'un spirituel anonyme a signée X....

MÉDAILLONS.

Le dix-huit mars mil huit cent dix, dans le fond d'une petite rue aboutissant à la place Maubert, Paris, la ville aimée des arts, vit naitre un enfant du sexe masculin et dont les bras frêles et sans vie semblaient s'ouvrir déjà à la misère et peut-être au désespoir.

On dit que le soir qui suivit cette naissance, le ciel était gris ; une étoile brillante tomba du firmament comme si l'existence qui venait de naître devait s'éteindre une heure après.

Renié par ses père et mère, le nouveau né fut confié à un parent qui l'emmena à Fontainebleau où il resta jusqu'à l'âge de quinze ans. Il vint à Paris exercer la profession de typographe ; mais bientôt il acquit la certitude que ses penchants ni ses goûts ne pouvaient se plier à un travail mécanique ; il se fit alors maître d'étude. On le taxa d'incapacité et fut remercié par un de ces vandales qui n'ont d'autre capacité, d'autre intelligence que celles de la férule !

Plein de dégoûts pour les hommes, il garda la solitude pendant trois mois et vida peu à peu la coupe de l'ennui.

Plus tard il se mêla aux libertins égoïstes et immoraux dont son âme candide n'avait pas encore compté le nombre.

Il lut *Némésis*.

Dès ce moment le jeune homme sentit se raidir une fibre qu'il n'avait pas touchée, et accordant sa lyre à la politique d'alors, il adressa au dernier rejeton d'une dynastie mourante ces vers dignes d'Horace :

Henri cinq ! A ce nom n'augurez point d'outrage
Pour l'héritier des lis emporté par l'orage :
Où l'on salue le roi je ne vois qu'un enfant,
Et respecte le front que sa candeur défend :
Pourquoi te maudirais-je, infortuné ! sans doute
Tu hais ta royauté plus qu'on ne la redoute.
Je garde ma colère à tes bourreaux, à ceux
Qui stimulent pour toi l'avenir paresseux,
Et qui, pour t'ajuster à la robe virile,
T'imposent un effort douloureux et stérile.
Les cruels t'ont volé ton âge d'or : ils ont
Imprimé sur le tien les soucis de leur front;
Te versant goutte à goutte une espérance acide,
Ils consomment dans l'ombre un long infanticide.

Et plus loin :

Ta raison, disent-ils, a mûri promptement;
Tu lis Gœthe et Schiller sur le texte allemand;
Eh bien ! tu comprendras mon arrêt prophétique,
Enfant : si quelque jour la chance politique
Te renvoyait au trône et courbait sous ta loi
Un peuple frémissant qui ne vient pas de toi;

Si tu devais un jour (ce qu'au destin ne plaise !)
Allonger d'un Bourbon la chronique française,
Une émeute sans fin bourdonnerait dans l'air,
Et livrerait Paris aux brigands de Schiller ;
Pour chasser les démons ardents à ta poursuite
Tu t'armerais en vain d'un aumônier jésuite,
Tu flairerais de loin chaque placet de peur
Que son pli n'exhalât une horrible vapeur :
Sand heurterait encore au seuil des ministères,
Staabs irait troubler tes fêtes militaires ;
Louvel de son tombeau sortirait furibond :
Son vivace poignard a soif du sang Bourbon.
Mais ne te flatte pas même d'un jour prospère,
Tu ne dois pas mourir de la mort de ton père :
Et si tu te mêlais à tes brigands bénis,
On creuserait ta fosse ailleurs qu'à Saint-Denis.

Le poète crut que son talent lui créerait à Paris une position brillante. Mais bientôt déçu dans ses hautes espérances, il tomba dans le découragement et la misère, et mourut de phthisie à l'hôpital de la Charité. Hégésipe Moreau, le nom de ce poète, avait un véritable talent; son style est plein de grace et de fraîcheur. Trois mois avant sa mort il publia un volume de poésies ayant pour titre : *le Myosotis*. Nous en recommandons la lecture à tous les gens de cœur et de bon goût. Moreau n'eut qu'un seul tort, celui de quitter son état de typographe pour déposer aux pieds des muses un encens dont elles ne connaissaient pas le prix

Depuis l'évêque d'Hypone jusqu'à Jean-Jacques ; depuis Rousseau jusqu'à nous, il n'est pas peut-être un écrivain, prosateur ou poète, qui n'ait, dans un mot ou une phrase, depeint son caractère ou sa vie. Si nous avions un esprit *mirecourien*, nous pourrions à ces confessions quotidiennes ajouter le cachet de scandale qui distingue certains biographes.

2.

Théodore Lebreton, ouvrier imprimeur en indiennes, a voulu, lui aussi, se déboutonner devant le public. Nous donnons à nos lecteurs sa biographie écrite par lui-même ; cela nous épargne un temps précieux et les observations oiseuses d'un *liseur* méticuleux :

Jeté dans l'atelier dès l'âge le plus tendre,
A peine je pouvais étendre
Mes faibles bras sur un métier,
Le corps bien souffreteux et l'âme bien candide,
Au milieu de ce gouffre aride
Je fus englouti tout entier.

Là, malgré ma faiblesse et ma petite taille,
Le maître me disait : « Travaille ! »
Et moi je redoublais d'efforts,
Craintif jusqu'à trembler à la moindre menace,
On me voyait, tenant ma place,
Travailler comme les plus forts.

Souvent, pour oublier ma fatigue et ma chaîne,
Je m'égarais dans le domaine
Des rêves dont je me berçais ;
Dans un instinct secret, j'aspirais à m'instruire....
Pourtant, je ne savais pas lire,
Mais dans mon âme je pensais !

Oui, déjà je pensais à tout ce qui console :
L'espérance était mon idole.
Oui, tant que me durait le jour,
Je pensais au bonheur d'être aimé dans ce monde,
Car, dans ma détresse profonde,
Je me sentais riche d'amour.

Puis je pensais encore au moment tutélaire
Où je recevrais le salaire
Qui récompense l'ouvrier ;
Je pensais au beau jour de fête, où, dans le temple,
De ma mère suivant l'exemple,
Auprès d'elle j'irais prier.

A ces doux souvenirs, mon cœur plein de tendresse
Se reportait avec ivresse,

Se reportait vers l'heureux temps,
Où quelquefois dispos, mais plus souvent malade,
J'allais, libre en promenade,
Respirer l'air pur du printemps.

Je me voyais encore, au milieu de la plaine,
Assis sur l'herbe toute pleine
De jeunes fleurs que j'admirais !
Puis, retombé, du haut de mon rêve d'enfance,
Dans le réel de l'existence,
Sans être aperçu je pleurais.

A ceux qui me fuyaient, sans chercher à comprendre
Ce qui pouvait ainsi me rendre
Triste aux heures de leur gaîté ;
A tout propos railleur comme à toute malice,
Quelquefois même à l'injustice,
Je pardonnais avec bonté.

Je grandis, soutenu par cette providence
Que Dieu répand sur l'indigence,
Quand l'indigence espère en Dieu ;
Je grandis dans le gouffre où s'éteint toute flamme ;

Et pourtant, au fond de mon âme,
S'allumait un céleste feu !

Oui, malgré le fardeau qui pesait sur ma vie,
Une étincelle de génie
Venait électriser mon cœur !
Désormais nos malheurs avaient un interprète,
Pour les chanter j'étais poète,
Et pour les sentir, travailleur !

Oui, comme travailleur, j'ai senti les misères
Qui pèsent aussi sur mes frères ;
Oui, comme poète, mes chants,
Du fond de l'atelier, sans colère et sans crainte,
Du pauvre ont exprimé la plainte
Et stigmatisé les méchants.

Si mes vers, enfantés en des jours de tristesse,
De l'ouvrier ont la rudesse,
Si des grands ils sont ignorés,
Comme ils m'ont consolé dans ma douleur extrême,
Puissent-ils consoler de même
Ceux qui me les ont inspirés !

Qu'on me permette une digression.

Un auteur contemporain a écrit que *l'hôpital* était la seule perspective que puisse avoir un ouvrier-poète, le seul horizon vers lequel puissent tourner ses yeux. Cet écrivain se trompe. Si Gilbert, Malfilatre, Hégésipe Moreau, Durand et bien d'autres y sont morts, c'est que le démon de l'orgueil leur avait montré l'avenir diapré d'or et de gloire ; c'est que, fatigués ou découragés, ces hommes ont quitté le positif pour l'incertain. Ils ont eu honte d'être ou cultivateur, ou menuisier, ou typographe ; ils ont abandonné un état pour lequel Dieu les avait créés et se sont jetés dans la carrière littéraire qui ne donne du lucre qu'aux imaginations d'élite.

Depuis Homère jusqu'à Gilbert, il y a eu de véritables talents jalousés du vulgaire, bafoués par l'ignorance ; mais ces hommes, indépendamment de leur génie, avaient une âme autrement trempée que celles de nos jours. L'adversité ne pouvait les toucher. On les voyait s'industrier de mille et une façons pour ne pas tomber dans la misère dont le siége est si près d'un vice voisin du ridicule ; si Homère eût été Durand ou Moreau, il n'aurait jamais charbonné dans ses revers les murs récrépis du Val-de-Grâce ou de l'hôpital de la Charité.

Baour Lormian, fils d'un libraire de Toulouse, plus tard académicien, disait un jour du redoutable Lebrun, son compétiteur et supérieur en poésie :

> Lebrun de gloire se nourrit,
> Aussi voyez comme il maigrit.

En présence de deux vers aussi épigrammatiques, nous ne saurions trop recommander aux ouvriers-poètes de rester ce qu'ils sont, c'est-à-dire ouvriers. A cette condition seulement, on oubliera leur médiocrité pour se souvenir de leur état et pour songer que d'aussi vives imaginations mises en contact avec des hommes intelligents pourraient à l'occasion enfanter des chefs-d'œuvre.

Avouons cependant que si Béranger, Balzac, Pierre Dupont et tant d'autres avaient persévéré dans leur premier état, les lettres y auraient perdu ce que ces hommes y ont gagné.

Parlerons-nous de *Lachambaudie*, qui, avant d'être un profond moraliste, était simple ouvrier ! Non. Nous n'ajouterions rien à sa gloire. Le succès de ses fables parle assez haut, et la double couronne académique qui couvre son front chauve ne lui tombe pas assez sur les yeux pour qu'on ne puisse pas reconnaître en lui l'esprit incarné de l'allégorie.

Astouin, le poète-portefaix de Marseille,

vient de mourir. Le portefaix qui arrive par le talent à la députation et qui retourne volontiers à sa première profession, si abjecte qu'elle soit, a droit à toutes les sympathies. La famille d'Astouin recueille toutes les lettres, toutes les pages du poète, dispersées çà et là, pour donner plus tard la biographie complète d'un membre qui leur était cher à tant de titres.

Beuzeville, le potier d'étain, et *Secheresse*, menuisier, deux ouvriers poètes, établis à Rouen, continuent leur double travail avec un zèle qui les honore.

Faustin Bonnefoy, cordonnier à Lorgues (Var), fabrique des souliers et des bottes tout en composant ses *adresses républicaines*. On peut dire de lui qu'il est un de ces hommes chez lesquels la force des convictions démocratiques a fait éclore le sentiment de la poésie.

L'ancienne ville des papes compte un poëte de plus. *Roumanille*, le frère aîné en poésie de *Belot* et de *Peyrottes*, deux ouvriers-poëtes, est un véritable talent qui a écrit, malheureusement pour nous, dans une langue dont nous ne savons apprécier les beautés. Il vient d'éditer un almanach provençal. Nous pouvons affirmer que sa collaboration a seule fait le succès d'un livre auquel les auteurs ne devaient pas s'attendre.

Savinien Lapointe, poëte-cordonnier de Passy, est assez connu par ses œuvres littéraires qui nous dispensent de tout commentaire. Son dernier volume de poésies n'a pas reçu du public l'accueil qui lui était dû ; mais en revanche, l'auteur vient de publier, chez Gabriel Roux, ses contes, empreints de grace et de naïveté, qui font accroître sa renommée et donnent une nouvelle preuve de son talent. Aussi nous disons, comme Jules Bertrand et Emile Coliot, poëtes et amis de Savinien Lapointe :

Vivre ici-bas, pour lui qu'importe !
C'est au soleil qu'il tend son vol ;
Les cieux sont grands... son aile est forte,
Il ne vit pas sur notre sol.

D'en haut son âme est exilée,
Mais son cœur est audacieux,
Et quelquefois, de la vallée,
Il part et s'en retourne aux cieux.

Augustine Rolland, couturière à Aix, se montre à l'horizon comme un brillant météore dont l'éclat fait pâlir les plus belles conceptions de son amie *Reine Garde*. Les teintes de ses tableaux sont fortes et bien comprises. L'élégie paraît toutefois l'expression préférée et la plus intime de sa muse. On dirait que la douleur rêveuse est l'état le plus habituel de cette nature si noblement douée. Quel que soit le sujet qu'elle aborde, qu'elle décrive une fleur, qu'elle peigne un sentiment, partout elle laisse percer une légère teinte de tristesse qui va parfois jusqu'à l'amertume ; comme si les délicatesses infinies du poète ne touchaient à la vie que par la douleur et la souffrance.

Nous ne voulons point terminer notre œuvre sans signaler au public intelligent un jeune homme riche d'avenir. M. *Jean-Marie Dauriac* nous a fait voir, dans ses *Larmes cristallisées*, que son talent poétique peut se plier à tous les genres. Nous l'en félicitons sincèrement, et pour montrer à nos lecteurs la justesse de nos appréciations, nous donnons ici la première strophe de la pièce de vers qui ouvre le volume. C'est un hymne à la Vierge :

Muse des saints parvis ! muse à la voix touchante !
Toi qui sais inspirer de célestes accords,

Prête-moi tes accents : muse divine ! chante
L'objet de nos transports.

Cette pièce de vers, qui n'a pas moins de quinze strophes, a été couronnée dans la séance solennelle des Jeux-Floraux en 1850.

Et maintenant qu'un travail plus sérieux rappelle ailleurs mon aptitude, je vous prie, cher lecteur, de méditer ces quatre vers de *Sénécé*, qui peuvent à l'occasion servir d'épigraphe à mon volume :

Ami lecteur, prête-moi l'équité,
Fort peu priant, c'est de quoi je te prie ;
Tout condamner serait malignité,
Tout approuver, pure forfanterie.

FIN.

TABLE DES MATIÈRES.

www.ingramcontent.com/pod-product-compliance
Ingram Content Group UK Ltd.
Pitfield, Milton Keynes, MK11 3LW, UK
UKHW051021210726
13857UKWH00007B/723

9 782012 898080